なぜ人に会うのはつらいのか

メンタルをすり減らさない38のヒント

斎藤 環
精神科医

佐藤 優
作家・元外務省主任分析官

750
中公新書ラクレ

まえがき

佐藤さんとの対談本は本書が二冊目である。前回の対談（『反知性主義とファシズム』金曜日）はファシズムがテーマだった。今回は現在進行中のコロナ禍がテーマである。『中央公論』の対談企画が思いのほか好評だったため、途中から書籍化を目指して対話を重ねてきた。コロナ禍と言うこともあり一度も対面する機会を持てなかったのは残念ではあったが、完全リモートで対談本一冊が完成してしまった。コロナ禍における緊急対談という位置付けの本になるので、私の発言にはアラが見えるところもあろうがご容赦願いたい。

本書で私は、佐藤さんと大げさではなく「生き延びるための対話」をしてきたという実感がある。コロナ禍での特異な経験をいかに掘り下げ、そこから得られたものをいかに継承していくか。今後「COVID－19との共存」が宿命づけられた世界にあって、もはや「ただ生存できれば良い」とは言えない。私たちのサバイバルの質（QOS〔Quality of Survival〕とでも言おうか）をいかに高めるか。それこそが問われなければならないだろう。

今回のコロナ禍では、パンデミックがもたらす社会の変化を予見するような視点が数多く生まれた。しかし私自身は、予言めいたことにはあまり関心がない。そもそも今回のコロナ禍そのものが、どんな予言者や識者も予見できなかった事態であり、未来予測の不可能性を如実に示すような変化ではなかったか。

私はコロナ禍について、未来予測とは異なったベクトルの関心を持っている。それは「日常という幻想」のすき間から、非常時だからこそ垣間見える過程や構造を観察し、深く検討することである。例えば、本書で私は「対面で会うことが必然的にはらんでしまう暴力性」について繰り返し語っている。オンラインでの対面を可能にするインフラが整備された結果、「対面せずに会う」という経験が一気に広がった。それは仕事や勉強、診療やカウンセリングに新しい可能性を見せてくれたが、同時に「なぜ人は対面を必要とするのか」という、かつてない問いをもたらしてくれた。

対面には暴力性があり、オンラインはそれを軽減／消去する。そのことは間違いないのだが、唯一、佐藤さんだけは例外だった。その鋭い眼光は、モニター画面をやすやすと貫通してしまうからだ。「対面の暴力」というアイディアは、佐藤さんの眼光にヒントを得たのだという後付けの嘘話を語りたくなるほどである。冗談はともかくとして、佐藤さんはご専門の外交、政治、宗教などにおける対面の意義について語っていただき、大変勉強になった。

とはいえ本書で佐藤さんには、ご自身の主張はやや控え目にされたうえで、「ひきこもり」や「脳科学」「優生思想」といった、私の専門や関心領域をトピックに選んでいただき、語るチャンスを与えていただいたとの思いもある。無類の「聞き上手」である佐藤さんの眼光に射すくめられながら、つい喋りすぎてしまった。クリスチャンでマルクス研究を手がけつつ創価学会も評価するという佐藤さんのスタンスは、単純なイデオロギーの区分けを超えた、一種独特の唯物論的な手ごたえがある。この感覚がいつになく私を饒舌にしたのかもしれない。

実は今回の対話では、佐藤さんの発言が大幅に圧縮されている。コロナ禍の社会についての対話がメインだったのだが、ひとつの話題から佐藤さんの連想がとめどなく広がり、しばしば脱線した部分がカットされているのだ。オンライン対談では雑談が減るという（デ）メリットが知られているが、佐藤さんについてはその懸念は無用のようだった。その脱線部分が無類に面白く、すべて収録できないのは勿体ないという思いもあった。

中でも忘れがたいエピソードをひとつだけ紹介しておこう。佐藤さんは「将来、大学院への進学を考えている」というのだ。よりにもよって「佐藤優」の論文指導を担当させられる教授陣の当惑と恐慌いかばかりかと同情の思いを禁じえないが、ゼミや論文審査会の光景などを想像するとつい笑ってしまう。まことに申し訳ないが、日本の大学院教育に一石を投ずる意味からも、ぜひ真剣に院進をご検討いただきたいと願わずにはいられない。

最後に私も与太話をひとつ。佐藤さんと私には「猫好き」という共通点がある。かつての猫談義の際の破顔ぶりには勝手に親近感を抱いたものである（前の対談本ではつい「ラスプーチンがトトロに！」などと失礼なことを書いてしまった）。ところが、前の対談時には健在だったわが愛猫チャンギ（雌のシンガプーラ）は、二〇二一年三月に旅立った。しばらくは喪に服していたが、ついにペットロスに耐えかね、七月には保護猫の姉妹（キジトラ）をお迎えしてしまった。佐藤さんの多頭飼いには及びもつかないが、二頭の仔猫で「猫浴」をする日々である。せっかく互いの自宅からのリモート対談だったのだから、画面越しに猫自慢大会をしておけばよかったというのが、今回のただ一つの心残である。佐藤さん、もしまた機会がありましたら、猫自慢、よろしくお願いします。

二〇二一年十一月

斎藤　環

目次

なぜ人に会うのはつらいのか

メンタルをすり減らさない38のヒント

第1章

「鬼滅の刃」ブームにみる現代日本人の心の闇

新型コロナがあぶり出す「メンタル」

佐藤　二〇一九年の末に中国・武漢を起点に、瞬く間に全世界に広がった新型コロナウイルス感染症は、日本でも東京オリンピック・パラリンピックを延期させるほどの猛威を振るいました。国民は、二年近くに亘って外出や行動を制限され、もはやそれを非日常と認識するのが難しい状況になっています。

斎藤さんとは、以前、雑誌『中央公論』で、ご専門の「ひきこもり」をテーマに対談させていただきました。当時、国は当然のように「ひきこもった人間を社会に戻そう」という方向で施策を実行していたのですが、感染が拡大した二〇二〇年の春以降は、一転して「とにかく何人《なんぴと》も家から出るな」「密な集団を作るな」と叫ぶ側に回りました。ひきこもりを奨励というか、全国民に半ば強制するという、それまで想像することができなかった現象が起きたわけです。

斎藤　新型コロナの下では、ひきこもることが「社会貢献」になりました。社会に「人は動き回るのではなく、ひきこもっていることに存在価値がある」という、ものすごく大きな価値転換が起こったと言ってもいいでしょう。「非生産的な社会のお荷物」というのとはまったく異なる、新たな価値が見出されたのです。

佐藤　そういう価値転換が、人々の「メンタル」にどのような影響を与えているのか。何らかのリスクがあるとしたら、それにどのように対処していくべきなのか――。ざっくり言うと、今回は、そんな問題意識を精神科医である斎藤さんにぶつけてみようという思いから、再び対談をお願いしました。

斎藤　私の問題意識も述べておきたいと思います。感染症の拡大は止めなくてはならないし、再発も防がなくてはなりません。同時に、誤解を恐れず言えば今回のコロナ禍は、今おっしゃったような、人間のメンタルがそもそもどういうものなのかを追究するうえで、またとない機会にもなったと思うのです。

佐藤　人類は、否応なしに他人と会うことが禁じられるという、今まで経験したことがないような環境に置かれましたから。

斎藤　私はコロナ禍で社会が激変するとはあまり考えていなくて、むしろ非常事態だからこそ見えてくるものに関心があります。無意識のうちに時を刻んでいた「かつての日常」にどんな意味があったのかを検討できるフィールドが、図らずも眼前に出現したわけです。実際、こうした状況にならなければ分からなかった人の心や行動のある部分について、本質に迫るヒントを得たような手応えは感じています。一例を挙げれば、「人と面と向かって会う」ということには、どんな意味があるのか？

佐藤　なるほど。リモートでのやり取りについて、来るべき未来社会をコロナ禍が前倒しで実現させたという人もいれば、なんとなく具合がよくないという人もいます。

斎藤　その「なんとなく」の手がかりを摑もうと思ったら、今をおいて他にないと私は考えているのです。

佐藤　みんな〝禍〟と対抗し、抑え込むのに必死ですが、同時にそれこそ未来に向けた知見や教訓を得るチャンスでもある。非常に重要な視点だと感じます。

斎藤　まさに検証のさなかではあるのですが、佐藤さんとの対話の中でさらに深掘りしていけたら、と思っています。

四重の格差拡大で追い詰められる

佐藤　では、さっそく「新型コロナがもたらした影響」から、話を始めていきたいと思います。社会や経済に対する悪影響については、言い尽くされた感もあるのですけど、最たるものの一つが「格差の拡大」であることは言うまでもありません。

斎藤　コロナ以前から問題になっていましたが、感染症の拡大は、それを一層深刻化させました。

佐藤　そうです。ただ、私は経済の「支配層」の側まで真剣に危機感を抱くようになったという点が、コロナ前とは違うと感じているのです。例えば、コロナ禍が長期化する中で『日本経済新聞』が、今の経済格差をなんとかしなければいけない、と日常的にこの問題を紙面で取り上げるようになりました。

斎藤　ついに、あの『日経』までもが。

佐藤　実はこれは驚くべきことで、あえてマルクス経済学の用語を使うならば、独占資本の代弁者であるブルジョア新聞が、このままだと資本主義経済自体が大変なことになるのではないか、市場主義経済が崩壊しかねないと、本気の警鐘を鳴らしたわけです。『日経』が書くということは、経団連などの経済界トップもそのように認識していることを意味します。

斎藤　ある意味、格差を作り出し、助長してきた側までもが、「ちょっと待てよ」ということになっている。

佐藤　そうです。新型コロナのもたらしている危機とは、そういうレベルのものだという点を、あらためて確認しておく必要があるでしょう。その上で私は、大きく言って新型コロナが引き起こした問題には、二つあると考えています。

一つは、ＩＴの急速な進歩などを背景にして一直線に進んできたグローバリゼーションに、急激なブレーキがかかったことです。もちろん、各国が鎖国状態に陥ったわけではなくて、自国をベースに置いたインターナショナリゼーション（国際主義化）に宗旨替えを余儀なくされた、と言えばいいでしょう。ウイルスの侵入を阻止し、一方で感染収束の鍵を握る自国分のワクチンを確実に確保するためには、「地球規模で手を取り合って、グローバルに頑張ろう」などと悠長なことは言っていられません。それぞれが、「国の枠」を最大限重視するしかなくなったのです。

第二の問題が、今の格差の拡大です。それも四重に被さってきているのです。

斎藤　「四重の格差」ですか。

佐藤　そうです。一つが、今説明した世界の自国重視のインターナショナリズム化で露見した国家間格差です。

斎藤　ワクチンの供給では、それが露骨に表れていますね。接種が進んだ国で、長きに亘ったロックダウンが解除される一方、供給が遅れた途上国では、感染爆発、変異株の出現などが発生しました。

佐藤　それぞれの国のコロナの感染防止に対する姿勢や、対策の巧拙も白日の下にさらされました。厳しい都市封鎖を課した国、日本のように「戦力の逐次投入」よろしく対策を小出しにし続けた国。かと思えば、スウェーデンのように集団免疫の獲得を掲げて、意図的にほとんど規制をかけなかった国もありました。

格差の第二は、それぞれの国内での地域間格差、第三が経済などの階級間格差、そして第四に、日本での女性の自殺増加に現れたようなジェンダー間格差です。

斎藤　コロナ禍の中、そういう格差が各国でそれぞれ濃淡を帯びながら、世界で拡大したというわけですね。

佐藤　日本の格差は、世界的な比較のうえではマシな部類に入ると言っていいでしょう。しかしながら、例えば沖縄のような地域は観光への依存が高いので大きな打撃を受けています。そこでのひとり親家庭、あるいは非正規労働者のような社会的弱者が、いの一番にしわ寄せを受ける構図になっているのは、否めない事実です。

斎藤　おっしゃるように、コロナ禍による「被害」は、一様ではありません。

「再起動」に負荷がかかる「ひきこもり生活」

佐藤　ご専門の「心」の問題に話を進めましょう。新型コロナは、人々のメンタルにどんな影響を与えているのか？

とっかかりとして、「ひきこもりの現状」からうかがいます。「国がひきこもりを推奨するようになった」という話をしましたが、その価値観の転換を、ずっとひきこもっていた人たちはどのように受け止めているのでしょうか？

斎藤　ひきこもりを専門とする精神科医としては、当然そのことに関心があって、最初の緊急事態宣言が出された頃には、当事者たちの「症状」は、一過性のものにせよ改善するのではないかと考えていたんですよ。ひきこもることの価値が社会的に認められるようになったことで、自分の置かれた状態を肯定的に捉えられる人が、少しでも増えてもらいたいという願望も込めて。

しかし、残念ながらというか、当事者たちは、そうした価値転換に対して意外に「冷淡」でした。

佐藤　冷淡、ですか。

斎藤　「外出制限で、みんなが俺たちみたいになってるぞ」という反応を示す人が、少なからず出てくるのではないかと想像していたのですが、実際にはほとんどいなかった。大半の人は、「私の苦しみは、まるで変わるところがありません」と非常に冷静だったのです。かえって家族、特に父親がリモートワークでずっと家にいて、リビングで仕事をしているのがつらい、といったことを訴えるケースがけっこうありました。

佐藤　コロナ前は、日中は家で一人になれたのに、誰かしらいるようになった。息が詰まりそうになる気持ちが、増幅したというわけですね。

斎藤　まあ、逆に日本中の人々がひきこもりを余儀なくされて苦しむ状況に、快哉《かいさい》を叫ぶような当事者が出てくるかもしれないという危惧もあったのですが、幸いなことに私の知る限り、そういう人も一人もいませんでした。

当事者から見て好ましいことをあえて挙げるならば、最初の緊急事態宣言の時などに、みんながステイホームになったため、一時期路上から人が消えたでしょう。ですから、近所の目などを気にせずに、ふらっと外に出やすい環境も生まれたのです。

佐藤　裏を返すと、ひきこもっている人にとっては、普段近所の視線が気になって仕方がない。

斎藤　そうなのです。それが、家から出ていけない大きな要因の一つです。

当人たちにとってよかったことをもう一つ言えば、彼らに対する理解が多少は進んだかもしれない、という側面が挙げられます。多くの人は、「ひきこもりの生活は楽園化しているから、社会に引き戻すのは困難だ」と思っていたんですね。

佐藤　日がな一日好きなことをして、ご飯を食べられているのだからという見方ですね。

斎藤　そういう「ひきこもり像」自体に大いなる誤解があるわけですけど、ともあれ、「出社に及ばず」で実際に自分がその状況になってみたら、ぜんぜん楽園ではなかった。外出できないというのは、こんなにしんどいものなのか、ということに初めて気づいたわけですね。

加えて、そういうふうに誰とも会わないような生活を続けていると、「再起動」も難しくなってしまう。ひきこもりに対して、「やる気を出せば働けるはずだ」と思っていたけれど、いざ自粛が解除されて会社に行こうとしたら、つらくて仕方ない。そんなに簡単な話ではないのだという形で、その苦痛への理解が少しは深まったのではないかと、感じています。特に家族がその苦痛の一端でも共感的に理解できるようになったとしたら、それはコロナのいい意味での副産物と言えるでしょう。もちろん、「世論」を変えるほどの状況には、今のところなっていないのですが。

「コロナうつ」は増えている？

佐藤　社会全体に目を広げると、ほとんどの人にとって、これほど長期にわたってひきこもり状態に置かれるというのは、初めての体験です。生活環境の激変を背景に、世の中に「コロナうつ」が蔓延《まんえん》している、ということも言われました。実際にはどうなのでしょう？

斎藤　現状では、コロナの拡大以降、臨床現場でうつ病が目に見えて増えているというデータは、出てきていません。では、いわゆるコロナうつはないのかというと、私は漠然とですが「ある」とみています。

一見、リモートワークになったことで、通勤の必要もなく楽に快適に過ごせる面も感じつつ、今もお話ししたように外出制限の息苦しさを感じたり、慣れない仕事のスタイルの中で、常に積み残しの宿題を背負っているような不全感につきまとわれたり。

佐藤　そう感じている人は、相当数いるような気がします。

斎藤　そうした気持ちが増幅されることで、うつ的な症状を訴える人が、「自粛生活」の長期化により徐々に顕在化してくる可能性は、十分あるのではないかと思うのです。

さきほど佐藤さんがおっしゃったような大きな話ではないかもしれませんけど、例えば同じリモートワークの若手会社員でも、「環境格差」が生じていて、これが結構無視できない問題になっているのではないかと、私は思うんですよ。実家で仕事ができる人間は、「ひきこもり何するものぞ」で、ある程度いけるのです。

佐藤　上司や同僚はいなくても、家族がいるから。

斎藤　そうです。しかし、もともとアパートで独り暮らしのような場合は、独房生活に等しいようなつらさを感じている場合が、少なくないのではないでしょうか。

人に会えない、飲み会も気晴らしのライブやコミケなんかのイベントも軒並み中止の自粛生活で、他人とリアルに会う場が丸ごと奪われてしまいましたから、そのストレスは、いかばかりのものか。対外的な活動の機会を喪失したことで、気力を失ったりしている本物の「うつ予備軍」が、そういうところにも数多く潜んでいるのではないか、と非常に気にはなるのです。

佐藤　その可能性も、かなり高いとみなければならないでしょう。

斎藤　コロナ禍がメンタルヘルスに及ぼす影響という点で、深刻だと思われるのが、児童虐待とDV（家庭内暴力）の増加です。

佐藤　家庭の中が「密」状態になるわけですから、トラブルも起きやすくなります。

斎藤　厚生労働省の発表によると、全国の児童相談所が二〇二〇年度に児童虐待として対応した相談件数は、前年度比五・八％増の二〇万五〇二九件（速報値）に達しています。一九九〇年度の統計開始以来、三〇年連続で最多を更新しています。

コロナ禍で非常に問題なのは、休校や外出自粛の影響により、虐待事例が平時にも増して外から見えにくくなっていることです。

佐藤　登校しなければ「どうして？」ということになるし、学校に来たら「様子がおかしい」と気づくこともあるけれど、そういう機会が制限されてしまった。変な言い方ですが、虐待を隠しやすい環境になっていますね。

斎藤　DVの相談件数も目に見えて増えています。内閣府が五月に発表した二〇二〇年度の相談件数（全国の配偶者暴力相談支援センターと、二〇年四月から始まったインターネットや電話などで二十四時間相談を受け付ける「DV相談プラス」に寄せられた件数を集計、速報値）は一九万三〇件で、前年度比一・六倍に急増しました。これも過去最多の数字です。

児童虐待やDVがこれだけ増加している要因としては、おっしゃるような「密着した家族関係」が第一に挙げられるでしょう。一方、関係性が密になったことが、その家族にとってプラスに作用することも、もちろんあるのです。

佐藤　親子が一緒にいられる時間が増えてハッピーだ、というような声も確かに聞きます。

斎藤　なのですが、こじれてしまうことも少なくない。神戸大学名誉教授で精神科医の中井久夫さんが、阪神淡路大震災に際して指摘したのですが、「非常時には、家族関係が改善と悪化に向けてハサミ状に両極化する」のです。普段から家族関係がフラットな場合はまだいいのですが、ヒエラルキーが存在すると、悪化が起こりやすい。

佐藤　それも、容易に想像がつきます。父親が、「とにかく俺は一家の主だ」という意識を強く持っているような場合ですね。

斎藤　いつもは休みの日にしかいない「うるさい父親」が、在宅勤務で一日中家にいる。家族全員が気を遣って、父親がリビングで仕事をしていたりすると、そこにも入れずくつろぐ場所がない、という話も実際に聞きました。

そういう人は、ずっと家にいても家事などは基本的にやりませんから、他の家族は精神的にも肉体的にも、どんどん疲れてきます。その状況が長期化して、お互いがイライラを募らせた結果、ある日些細《ささい》なことで不満が爆発し、虐待やDVにつながっていく。

佐藤　他人ごとだと思わないほうがいいと思います。

女性の自殺はなぜ増えた

斎藤　今の話でも明らかなように、「家庭内三密状態」のしわ寄せを一番にくらうのは、多くの場合母親なのです。さきほど指摘されたジェンダー間格差の一つですね。

ずっと家にいる夫の世話をして子どもの面倒もみて、という日常が続く中で、知らず知らず精神的に追い込まれてしまう。それがまた家庭内をギスギスさせて、一層メンタルに負荷をかけることになるわけです。

佐藤　コロナ禍のような環境下では、母親が家庭内のケアを一手に引き受ける形になる。他の家族も、ともすればそれが当然と思ってしまうところがありますからね。

斎藤　子育てで悩み、仕事で悩み、しかし自分自身をケアしてくれる相手が見当たらずに孤立化が進むという、非常に厳しい状況に置かれているんですよ。このことは、コロナの感染拡大以降、日本では女性の自殺が目に見えて増加した、という冷厳なる事実で証明されてしまいました。

佐藤　その点は、私も早くから非常に気になっていました。

斎藤　うつ病の発症と自殺に関しては、興味深い事実があって、一般的には、そもそも女性は男性の二倍くらいうつになりやすい、という統計があるのです。これは、どこの国でもほぼ共通しています。

佐藤　でも、女性の自殺者は本来少ないですよね。

斎藤　その通りで、自殺するのは圧倒的に男性です。ロシアでは八倍くらい男の方が自殺しているというデータがあるほどで、日本でも普段はだいたい三倍くらい多い。ところが、今回、コロナ禍が深刻化した以降の時期に限って言うと、男性の自殺率の増加率に比べて、女性のそれは顕著な増加をみせました。

警察庁の発表によれば、一〇年連続で減り続けていた日本の自殺者は、二〇二〇年には前年比七五〇人増の二万九一九人。男性は僅かながら減ったのに、女性は八八五人も増えて六九七六人に上りました。付言すれば、若年層の自殺も増加しています。

佐藤　社会的弱者がコロナの波を大きくかぶっているということを、そういう数字が証明しています。

斎藤　二〇二一年六月の自殺者は一七四五人で、二〇年七月以来、一二ヵ月連続で前年同月を上回っています。ですから、ここにきての自殺の増加とコロナの因果関係は、火を見るより明らか。ちなみに、この月に自殺した人を男女別に見ると、男性が一一四〇人と前年同月比七・四％の増加だったのに対して、女性は六〇五人で一八・四％も増えています。女性の自殺が増えるという傾向には、まったくブレーキがかからない状況です。

佐藤　本当に深刻な問題だと思うのですが、そもそも、これまでうつになりやすい女性の自殺率が低かったのは、なぜでしょう?

斎藤　文献的にもいまだ定説はないのですが、私は、女性には横のつながり、ソーシャル・キャピタルが比較的豊かだから、と考えています。

佐藤　利害関係の絡まないつながりが、豊富にある。

斎藤　そういうことだと思うのです。奥さん同士のネットワークで旦那の悪口に花を咲かせたり、悩みを相談し合ったり。弱音を吐いたり助けを求めたりすることに、「男らしくない」といったネガティブな印象を持つと同時に、会社を離れると横のつながりがとたんに希薄になる男に比べれば、そういう「援助希求の回路」がいろいろあったわけです。

佐藤　何気ない日常のやり取りが、人間のメンタルにとっていかに重要な意味を持っているのか、ということがよく分かります。

斎藤　ところが、コロナ禍で、それらの多くが断ち切られてしまいました。さきほども言ったように、家庭に閉じ込められて、家族のケアに専念せざるを得ないのと同時に、急速に孤立感を深める結果になったんですね。そうした環境の変化が、女性の自殺に拍車をかけたのではないかと、私は考えています。このことからは、「人に会えない」という現実は、男性よりも女性に大きく負の影響を与えたのではないか、という仮説も導けるように思うのです。

「自殺率が目に見えて低い町」の秘密

佐藤　今の話をうかがっての個人的な感想なのですが、うつと自殺の関係で言うと、ヨーロッパ、特にロシアと日本とでは、両者の距離感覚に差があるように感じるんですよ。

斎藤　ロシアのことはよく知らないのですが、それはどういうことですか？

佐藤　ヨーロッパなどは、うつになってもそこから自殺に至るまでには、かなり距離がある。日本は、それが結構近い気がするのです。

斎藤　なるほど。おっしゃることは分かります。

佐藤　なぜ距離に差が出るのかというと、今斎藤さんが指摘された「援助希求の回路」と関係しているように思ったのです。うつになった人に対する社会の許容度、受け入れ態勢といったものが影響しているのではないか、と。

斎藤　それは十分考えられることです。

佐藤　そういう社会のインフラには、歴史や宗教というものが、深く絡んでいます。例えば、ロシア正教会には「佯狂者《ようきょうしゃ》」という聖人の称号があります。「佯狂」というのは、「狂人のふりをする」という意味で、ひとことで言えば、精神に変調をきたしているような言動をしながら、ボロ着をまとって徘徊したりすることによって、神の真理を明らかにする者のことです。

ドストエフスキーの小説にもよく登場するのですが、その振る舞いは、現代的に言えば、精神疾患にあたると思います。しかし、その人たちは、あくまでも「特別に神に選ばれし者」なのです。そういう歴史的、宗教的な伝統もあって、ロシアでは、うつでも双極性障害や統合失調症でも、少なくともそうした患者を自分たちから遠ざけようという空気は、あまり強くありません。国家は選択的な隔離政策を実行するのですが、社会は寛容だというのが、私のソ連赴任時代からの感想です。

斎藤　自殺には、おっしゃるようなコミュニティ特性が大きく影響します。実は日本国内でも、大きな地域差のあることが、最近自治体ごとの比較ができるようになって、明らかになったんですよ。例えば徳島県の旧海部町《かいふ》（現海陽町《かいよう》の一部）というところは、自殺の「希少地域」なのです。

佐藤　そうなんですか。

斎藤　隣接した町の自殺率は高いのに、ここだけ非常に低い。その原因を探った、情報・システム研究機構統計数理研究所の岡檀《まゆみ》さんという方の調査研究があります。町民へのインタビュー、祭りの準備や保健師活動への随行といった「参与観察」、アンケート調査を行い、自殺多発地域と比較したものですが、大変興味深い事実が明らかになりました。

まず、この町では「赤い羽根募金」が集まらないのだそうです。

佐藤　なぜでしょう？　特に地方だと、各世帯一律いくら、みたいな感じが多いように思いますが。

斎藤　決して住民がケチだからではありません（笑）。「募金したい人はすればいい。わしは嫌や」という人が、コミュニティから排除されたりしないのです。人間関係が緊密過ぎず、逆に「均質」「全体主義的」であることを嫌う気質が強い。面白いことに、自殺希少地域の「絆」は、弱かったわけです。

佐藤　なるほど、面白いですね。

斎藤　とはいっても、地域のつながり自体が希薄なわけではなく、例えば江戸時代から続く「朋輩組」という相互互助組織があります。ただし、これも入退会自由な上に、旧家もよそ者も分け隔てなく受け入れるという特徴がありました。強制入会で、長老や実力者の発言は絶対、という普通の町の「自治会」とは違うのです。

佐藤　地方での第二の人生を夢見て夫婦で移住したら、「地域の絆」に阻まれて大変な目に遭ったというのはよく聞く話ですが、そういう空気はないのですね。

斎藤　そのほか、人を地位や学歴で評価せず、一度の失敗を責め立てたりはしない。また、「どうせ自分なんて」と考えず「有能感」を持って事に当たるマインドが強いことも指摘されています。「自分のような者に政府を動かす力はないと思いますか」という問いに「はい」と答えたのは、二六・三%。比較した自殺多発地域のA町は、五一・二%で二倍近くに上りました。

佐藤　興味深いです。

斎藤　そして、これが一番重要なのですが、まさに援助希求行動に対する抵抗感が、非常に低かったんですよ。地域には、「病、市《いち》に出せ」という諺があるそうです。つまり、問題を感じたら、すぐに公にして助けを求めなさい、ということです。事実、自殺率が低いのに対して、うつ病の受診率は、周辺自治体の中で最も高かった。

佐藤　軽症のうちに受診しているから、自殺にまでいかない。

斎藤　そういうことだと思います。ちなみに、この「病」には、病気だけでなく、家庭内のこと、仕事のことなど、あらゆる問題や不安が含まれていて、とにかくやせ我慢して一人で抱え込むことへの戒めが込められているのだそうです。

もちろん、諺だけで人の行動を制御することはできません。述べてきたような、緊密過ぎず、多様性を認め合う人間関係といったベースがあるからこそ、弱音の吐ける環境ができ、結果的に自殺する人が極めて少ないコミュニティが実現しているのです。

佐藤　それにしても、その町のコミュニティ特性は、日本のスタンダードからすると、かなり異質に映ります。

斎藤　そうです。日本は全体として「絆社会」で、同時に「自助社会」ですから。

佐藤　絆はいいけれど、それがお互いを縛り合い、ある意味監視し合う装置になっていると、逆にＳＯＳは出しにくくなってしまいます。

斎藤　さきほども指摘したように、男性は特に弱音を吐いたり助けを求めたりするのを、恥と考えてしまう。そのことが孤立につながり、結果的にどんどん自分を追い詰めることになりがちなのです。

問題を一人で抱え込まないで、追い詰められる前に他者に援助を求めることを「ヘルプシーキング行動」というのですが、コロナ禍のさなかにある今はなおさら、その発想をしっかり持つことが重要だと思います。すぐにこの町のような環境が構築できるとは思いませんが、多くの教訓に満ちた事例であることは間違いないでしょう。

佐藤　自殺者が目に見えて少ない地域コミュニティでは、日本のスタンダードとは異なる暮らし方をしていた。

ステイホームの長期化は、「依存症」に陥りやすい

斎藤　コロナ禍による「ひきこもり生活」の長期化の中で、もう一つ私が危惧するのは、様々な「依存症」に陥りやすい環境が広がっていることなのです。

佐藤　例えば大人数での会食を避けようということで、当初から「リモート飲み」などがもてはやされました。でも、私は、しょっちゅうあんなことをやっていたらアルコール依存症が逆に増えるのではないかと、ずっと感じていたのです。案の定、コロナに伴うアルコール依存の増加が社会問題化する状況になっています。

斎藤　リモート飲みは、みんなとワイワイやっているつもりで、結局一人で部屋飲みしているわけですから、際限なく飲んでしまうということになりやすいですよね。帰りの電車も気にしなくていいので。

コロナのもたらす悪影響は、想像以上に大きなものがあって、リモート飲みに限らず、生活の変化によるストレスや仕事への不安などが引き金となって飲酒量を急増させる人

が増えています。「東京都内のあるクリニックのアルコール依存症の新規患者の三割が、コロナによる失業や生活の変化が原因と見られる」といった報道もあったほど。

佐藤 無視できない数字です。

斎藤 依存症に関して言うと、アルコール同様深刻なのが、言うまでもなく覚醒剤をはじめとする薬物です。

佐藤 薬物依存も増えているのでしょうか?

斎藤 二〇二〇年の全国の薬物事件摘発者数は、一万四〇七九人で、前年比五・四%増でした。増加がコロナの影響によるものかは検証が必要ですが、問題は「再犯率」の高さなのです。

この点は、精神科医の松本俊彦さん(国立精神・神経医療研究センター精神保健研究所薬物依存研究部長)が指摘されているのですが、ああいう薬物はたいてい一人でやるものなので、こもっていると我慢できなくなって、再び手を出してしまう。

佐藤 なるほど、「再発」しやすいわけですね。「もうやめよう」と心に誓っていたのだけれど、突然自粛生活になって、他人にも会えず、寂しくなって、つい……。

斎藤　そういうパターンです。松本さんは、「依存症は孤立の病」と表現していますが、まさに言い得て妙だと思います。

佐藤　やはり「孤立」がキーワードなんですね。

斎藤　これはアルコールや他の薬物にも言えることなのですが、断ち切るためには、当事者や家族たちが互いに会って体験などを語り、支え合うことが、非常に効果的なのです。ところが、コロナによる行動制限は、そういう場を持つことも難しくしてしまいました。

他方、悪いことに、今は出かけていかなくても、覚醒剤の売人が自宅にデリバリーしてくれたりもします。

佐藤　そんなことになっているのですか。

斎藤　薬物依存の人が、無防備のまま敵の真ん中で孤立させられているという、非常にまずい状況が長期化しているのです。むろん、コロナ状況下の孤独やストレスに苛まれて、新たに禁止薬物などに手を出す人も、数多くいると推測されます。

佐藤　自分はもとより、家族もその「予備軍」かもしれない。そういう認識は、しっかり持っておいた方がいいかもしれません。

斎藤 そう思います。

精神科と心療内科の違いは？

佐藤 コロナによって、多くの人が自分の意思に関わりなく、生活パターンの急激な変更を余儀なくされました。いきなり薬物とまではいかなくても、そうした新しい生活スタイルの中で、「ちょっときつい」「メンタルをやられた」と感じたり、家族がつらそうにしていたりといったことは少なくないと思います。そういう時には、とりあえずどこに行ったらいいのでしょう？

斎藤 精神科クリニックは、コロナ禍でも一貫して普通に対面診療を行っています。開業臨床心理士系のカウンセリングルームなどもありますから、そういうところを利用してみるのもいいでしょう。コロナ禍に対応して、今はどの病院も、カウンセリングのリモート環境を整えていますから、希望すれば家に居ながらにしてそれを受けることもできます。

佐藤　以前から疑問に感じているのですが、日本には精神科のほかに心療内科がありま す。この違いは何ですか?

斎藤　精神科と心療内科は、出自が違うのです。心療内科は、その名の通り内科がルーツなんですよ。身体を診る中で、メンタルへの配慮も必要だろうということになって生まれたわけで、同じように患者の「心」を相手にしながら、両者は異質なものと言っていいでしょう。

ただし、ややこしいのは、精神科医が心療内科の看板を掲げてもいいことになっていますから、実際の心療内科には内科医と精神科医が混在しているのです。こういう状況は、恐らく海外にはないと思います。

佐藤　でも、精神科医と内科医では、臨床経験も違いますよね。

斎藤　精神科病棟を経験しているかどうかで、病気に対する見方はぜんぜん違ってくると思います。内科医の場合は、外来レベルの軽症者が中心ですから。

佐藤　外交官にたとえれば、ロシア語研修生と中国語研修生みたいなものですね。中国語研修を受けた外交官なら、ロシアの概要は分かるのですが、領土問題の少し踏み込んだ部分とかクレムリンの権力抗争とかになると、お手上げになってしまう。でも、現場で必要になるのは、そういうレベルの専門性です。

斎藤　専門性は重要なのですが、実際にはかなり「緩い」という現実があります。

佐藤　一般の人からすると、うつ気味で精神科に行くのは、心理的なハードルが高いのも事実です。心療内科なら、「心の風邪」くらいの感じで受診することはできる。しかし、結果的にそこで適切な治療が受けられないばかりでなく、強い抗うつ剤などを処方された結果、それを手放せなくなってしまうというような事態を招くのは、とても怖いと思うのです。もちろん、全てがそうだとは言いませんが。

斎藤　実際、うつの患者さんが、精神科以上に内科を受診しているというデータがあります。おっしゃるような精神科のハードルの高さが仇《あだ》になっているわけですね。抗うつ薬の使用量も内科のほうが多いんですよ。

佐藤　そうなんですか。

斎藤　やはり内科のお医者さんには、この分野の薬の使い方に詳しくない人が多いですから、患者さんの求めに応じてベンゾジアゼピン系のような、非常に依存性の高いものを安易に処方してしまうことがあるのです。そういうこともあって、今の日本は、依存症外来に来る患者さんの第一位が覚醒剤、第二位が処方薬という、大変困ったことになっています。

佐藤 専門医以外、そんな実態を知る人は、ほとんどいないのではないでしょうか。仮に心療内科に通っていて、どうもうまくいかないと感じたら、精神科の専門医のいる病院などに紹介状を書いてもらうというのが、ベストの選択になりますか?

斎藤 私が言うのもなんですが、精神科の質も、ピンキリのところがあります。精神科医にも、やっぱり薬物一辺倒、みたいな先生もいますから。

私が常々言っているのは、「ドクター・ショッピング」、つまり精神科医をとっかえひっかえするのはだめだけど、「ドクター・ウィンドウ・ショッピング」ならいいでしょう、ということです。一回受診して相性を確かめて、「この先生なら」と思ったら、そこに通う。現状では、それが最適に近いのではないでしょうか。

佐藤 それこそお医者さんに依存してしまうのではなく、信頼できる人を自ら選ぶという姿勢が大事になりますね。

コロナで時間の感覚がおかしくなる……

斎藤　一つ申し上げておけば、精神科医である私自身、新型コロナの「新しい生活様式」の下で、メンタル面にそれなりの影響を受けたことを自覚しています。

佐藤　そうなんですか。

斎藤　例えば、東京などに最初の緊急事態宣言が出されていた二〇二〇年の五月頃、ずい分時間の感覚がおかしくなったことがあったんですよ。佐藤さんには、そういう自覚症状みたいなものはありませんでしたか？

佐藤　私には、東京拘置所の独房にひきこもりを強制された五一二日間の経験がありますから（笑）。もともと作家は自宅仕事が多いわけですが、コロナの蔓延以降は、ますます当時の時間感覚に似てきたな、と感じています。

斎藤　どんな感覚なのですか？

佐藤 言葉で説明するのは難しいのですが、独自の時間が流れるわけですね。例えば独房で断食すると、ものごとが頭に入りやすくなったりする。でも、二日くらいするとひどく眠くなるんですね。低栄養で血糖値が下がるので。

斎藤 ちょっとヤバい状態ですね、それは。(笑)

佐藤 でも、そういう自分だけの環境が頭の中にできるというのは、なんとなく楽しいものでした。

斎藤 それは、確かに「独自の時間」と言えるでしょうね。そういう感覚に似てきたということは、コロナ禍中の時間というものは、そんなに苦ではないということですか。

佐藤 苦ではないどころか、仕事に関して言えば、生産性はかなり上がりました。リモートならば、人に会いに行く時間が省けるし、相手の言うことなどに対して読みが深くなる感じもするのです。付け加えれば、私はSNSをやらないので、そういうところに時間やエネルギーを使わずにすんでいるのも、大きいと思います。

斎藤 なるほど、「コロナの時間」に戸惑うのではなく、自分のものにできたわけですね。ただ、それは佐藤さんに、おっしゃるような拘置所生活による免疫があったからではないでしょうか（笑）。そうでない人には、今回のコロナ禍や一〇年前の東日本大震災は、時間感覚にそれなりの影響を与える出来事だったのではないかと思うのです。ただし、大震災の時と今回とでは、影響の与えられ方に大きなズレがある、と私は感じているんですよ。

佐藤　それも、興味をそそられる話です。

斎藤　大震災の際には、被災地の状況、中でも原発事故の経過に伴って、時間の感覚がかなり明確に分断されました。原発が大爆発して東日本全域が汚染されるのではないか、どうやら抑え込めそうだ、だが、福島以外の原発は大丈夫なのか——。例えばそんなふうに現状認識が変わるたびに、我々はぜんぜん違う時間を生きていた印象が残っているのです。あたかも、精神病理学の木村敏が人間の心理的時間感覚を分類した「アンテ・フェストゥム（祭りの前）」、「ポスト・フェストゥム（祭りの後）」、「イントラ・フェストゥム（祭りの最中）」のように。

佐藤　順に、統合失調症的、双極性障害的、てんかん的な時間、という分析ですね。

斎藤　そうです。震災の時に感じたのは、そういう時間の分断にほかなりません。

佐藤 確かにその感覚は、非常に追い詰められたような感情とともに、多くの人の記憶に残っているのではないでしょうか。

斎藤 ところが、今回のコロナに関しては、そういう分断のようなものがまったく感じられないのです。一転して時間がのっぺりというか、均質化した感が否めない。佐藤さんが著書で使っていた言葉を借りれば、時間が「カイロス化」した、と表現できるかもしれません。

佐藤 歴史を考える時に、時間の認識は重要です。さらに言えば、日本語では「時間」という言葉しかないのですが、英語の「タイム」と「タイミング」は違うということも、大事なポイントです。タイムは「流れていく時間」のことで、英語では「クロノロジー」とも言います。例えば年表に示された時間がこれで、語源はギリシャ語の「クロノス」。日本人が普通に「時間」と言う場合は、これを指しています。

一方、「タイミング」に当たるのが「カイロス」で、こちらはある時間を切り取った概念です。例えば、誕生日はその人にとってのカイロス。終戦記念日も大震災当日も、カイロスです。我々はいろんなカイロスを刻み込んで生きています。

同時に、その捉え方は、個人や民族や国などによって異なることもあります。例えば、八月十五日は日本人にとっても韓国人にとってもカイロスですが、その意味合いはまったく違うわけです。

斎藤　ですから、私はそれを「主観的時間」と解しているのですが、現状の世界では、新型コロナがもたらす社会情勢の変化に、みんなが主観的にシンクロするという現象が起きています。日々、「今日の感染者数は何人です」「この業種が休業要請になりました」といった特定の情報に一喜一憂していて、気がつくとローカライズという時間が消えてしまったのです。

佐藤　すべての時間が、新型コロナの下に、ある意味一元化されてしまった。

斎藤　そうです。みんなが新型コロナにチューニングさせた時間、言ってみれば「コロナ時間」のみで生きるようになったのです。

本来なら、人間の経験するいろんな出来事には、それぞれ異なる時間の流れがあって、それらが束になって個人個人の時間を紡いでいます。出来事には、当然「不要不急」なものも含まれるでしょう。ところが、それを感染防止のためにと排除した結果、時間の流れがとても貧しくなってしまいました。

佐藤　そういえば、こんなことがありました。二〇二一年二月、放送関連会社「東北新社」による総務省幹部接待問題が、週刊誌報道で暴露されました。

斎藤　菅義偉《すがよしひで》首相の長男も関与していた事件ですね。

佐藤　その不祥事が連日報じられ、世論の怒りを買っているさなかの世論調査で、なんと内閣支持率が上昇するという現象が起こったのです。恐らく、下げ止まり傾向だったとはいえ、ちょうど新規感染者数が落ち着いてきたタイミングだったことと、いよいよワクチン接種が始まりそうだという、当時のコロナ関連の「明るいニュース」がそうさせたのでしょう。コロナの前には、首相の息子までが絡んだスキャンダルも枝葉末節の話になってしまったという事実が、今の「斎藤仮説」の正しさを裏づけているのではないでしょうか。

実際、その後も、多くの人の時間がコロナ情勢に従属する状況に変わりはありませんでした。延期されたオリンピックが、東京に四度目の緊急事態宣言が発令される中で行われることになったというのは、まさにシンクロの象徴というか、そういう現状に対する最大限の皮肉というか。

斎藤　東京オリンピック・パラリンピックは、果たして人々にカイロスとして刻まれたのでしょうか。刻まれたとしたら、どんな意味合いを持つものだったのか？　いずれにしても、コロナ禍が人々に「均質な時間」をもたらしたという現象が、決して好ましいものだとは、私には思えないのです。

佐藤　それはまったく同感です。

「被害者」同士が殺し合う『鬼滅の刃』大ヒットのワケ

斎藤　東京オリンピック・パラリンピックは、半ば力ずくで開催されましたが、新型コロナは、文化・芸術・娯楽・スポーツといった分野にも多大な影響を及ぼしました。

佐藤　一つところに集まって、密になってもらわないと成り立たないスタイルのエンタメが受けた打撃は、計り知れません。

斎藤　そんな中で注目されたのが、二〇二〇年十月に公開された劇場版アニメ『鬼滅《きめつ》の

刃《やいば》 無限列車編』の空前のヒットです。まるで、長期化する自粛生活の息苦しさに対する反動かのような印象を、私は受けました。日本国内の興行収入は約四〇〇億円で、歴代トップ。およそ二九〇〇万人を動員したといいますから、驚くしかありません。

佐藤 アメリカやアジアなどでも公開され、やはり人気を博しているようです。

斎藤 まあ、物語自体はとても感動的で、かく言う私自身も映画館で滂沱《ぼうだ》の涙を抑えられなかったクチです（笑）。そもそも、コロナ禍により新作の劇場公開自体がペースダウンしていましたから、そういう飢餓感もあったのでしょう。

佐藤 ただ、いみじくも「自粛生活の反動」とおっしゃったように、折しもコロナ禍の真っ最中に封切られた一本の映画があれほどまでに絶大な人気を博したのは、やはり当時の社会状況と無縁ではないと思うのです。精神科医にして「オタク研究家」である斎藤さんにとっては、興味深い現象だったのではないですか？

斎藤 そうですね。そのように思っていろんな批評や評論も読んでみたのですが、どうしてこれほどウケたのかについての分析という点では、どれもイマイチ歯切れが悪いのです。

以下、ネタバレのリスクを意識せずに述べると、「鬼滅」は留守中に鬼に家族を殺害され、妹を鬼にされた炭治郎《たんじろう》という主人公が、妹を人間に戻すべく鬼殺隊という組織に入り、そこの剣士たちとともにラスボス打倒を目指して敵を一人ずつ倒していくという物語。そのストーリー性も登場人物の異常なキャラの立ち方なども、さすがと言うしかありません。「長男なのだから」というマッチョな価値規範に基づく「王道バトル漫画」のようでいて、泣ける要素や笑いの要素が絶妙なバランスで配されてもいます。そう考えると、ウケる要素満載の、ひとことで言えば「分かりやすい」作品と評することができるでしょう。

一方で、「鬼滅」は、グロの度合いも半端ではない〝ダークファンタジー〟です。

佐藤　しょっちゅう首が飛び、血が噴出しますから。

斎藤　近年のアニメであれほど「人体」が破壊される作品も珍しく、恐らく『進撃の巨人』や『東京喰種《トーキョーグール》』を凌駕しています(笑)。ですから、ディズニーやジブリ作品のような万人受けする健全さのようなものはなくて、それがいいのだ、という逆説的な評価もあるでしょう。

しかし、そうした捉え方だけでは、社会現象にまでなった理由としては弱い気がしてなりません。一歩引いて眺めてみると、「鬼滅ブーム」には、いろいろ不可解な面があるのです。

佐藤　斎藤さんは、どのように分析するのですか?

斎藤　「分かりやすい」とは言いましたけど、登場人物自身は、みな相当複雑なものを抱えています。剣士たちは、鬼に親族を殺されたり、あるいは親に虐待を受けたり、といった「トラウマゆえに正義を背負ってしまった人たち」。一方の鬼も「トラウマゆえにモンスター化した人間」の隠喩だというのが、私の解釈です。

要するに、敵も味方もほぼ全員が心に深い傷を負う「被害者」なんですよ。言ってみれば、あれは心的外傷を抱えた者同士が殺し合う物語で、そこがまず、普通の〝王道バトルもの〟とは違います。

佐藤　なるほど。精神科医ならではの見立てだと思います。

斎藤　作品には、炭治郎が、自分が倒して消えていく鬼の手を握るシーンが出てきます。これも、単なる「死にゆく者への同情」と捉えるわけにはいきません。悪に対してはきちんと罰を与えつつ、その上で存在自体は肯定するわけです。

佐藤　鬼だって、もともとは人間だったのだから。

斎藤　そう。悪にも敵にも「事情」があることを、とても丁寧に描き出しているのも、「鬼滅」の特徴と言えるでしょう。

　鬼殺隊のメンバーによって殺される鬼たちは、みんな死の直前に走馬灯を見ます。そのほとんどは、忘れていた「被害の記憶」なんですね。つまり、その瞬間、「人間」に戻るのです。人間になって、初めて彼は自らの責任を自覚し、そして尊厳を持った責任の主体として消えていく。そのように見ていくと、この作品は、「加害者に転じた被害者をいかに処遇すべきか」という問いに対して、ぎりぎりの、しかしこの上なく優しい回答を試みている、と解釈できるかもしれません。

佐藤　昨今の様々な事件に対する特にネット上の「世論」を見ていると、「とにかく悪い奴には罰を与えろ」的な単純な議論が、ますます幅を利かせる状況になっているようにも感じます。

斎藤　そうした風潮に対する問題提起、といったら深読みのし過ぎかもしれませんが。

『鬼滅の刃』は、トラウマ的な責任と倫理を問い続ける

佐藤　それにしても、「加害者に転じた被害者」というのは、「虐待の世代間連鎖」のように、現実の世の中に通じるテーマですね。

斎藤　そうなのです。虐待やＤＶの被害者の中にも、支援者が差し伸べた手を肘から食いちぎりに来るような人が、ごくたまにですがいます。暴力によるトラウマは、まさに人を鬼に変えてしまうことがある。

　ですから、他者のトラウマに関わろうという場合には、それなりの覚悟が必要なのです。「何度裏切られても許す」というレベルではなく、「もし一線を越えたならば、被害者であっても毅然として裁く」という覚悟です。罪は、それを許されてしまうことが地獄につながることがあります。「鬼滅」は、許さないことが、時として本当の救済になる可能性というものを、極めて説得的に描いているわけです。

佐藤　深い洞察だと思います。救済の現場にいる斎藤さんの言葉だけに、まさに説得力

がある。

斎藤　付け加えておくと、お話ししたように炭治郎という主人公も鬼に家族を惨殺されるわけですが、彼はひとり「空っぽ」の人間なのです。およそ想像力というものが欠如していて、他人と共感する力も持ち合わせていません。

佐藤　ただひたすらに、正義を貫くキャラクターとして描かれます。

斎藤　その正義も鬼にさえ見せる優しさも、理性や想像力の産物ではないのです。考えてみてほしいのですが、彼がもし鬼の境遇を共感的に理解するような人間だったなら、たび重なる「鬼退治」で、とっくに共感性疲労をきたしていたはずです。

佐藤　他人のトラウマに寄り添った結果、自分も心に変調をきたしてしまう。

斎藤　「鬼滅」が描くような苛烈なトラウマに曝《さら》され続けたら、心が折れて戦闘どころではなくなります。

では、何が彼の正義や優しさの根源にあるのかと言えば、それは炭治郎が生得的に持つ「嗅覚」だとしか言いようがありません。心を疲弊させることなく、粛々と鬼を裁くことができたのは、この嗅覚をよすがにしたからと解釈すれば、納得がいくのです。鬼の悲しさに共感するのではなく、嗅覚でそれを感じ取ってしまう。

佐藤　言葉は悪いですが、ほとんど考えていない。

斎藤　そうなんですよ。戦いのさなか、しきりに「考えろ！」と自分を鼓舞しつつも、実は「空っぽ」。見方を変えれば、考えなしに勘所が摑めてしまうのが、彼の強さです。ひとことで言えば、理性のコントロールの外にある「優しさという狂気」を生まれながらに宿している、というのが私の「炭治郎論」です。そういう部分に、意識する・しないにかかわらず、人々がけっこう反応したのかな、という印象を持つのです。

佐藤　やはり、普通の〝バトルもの〟の主人公とは、だいぶ違うようです。

斎藤　述べてきたのは、あくまでも私の解釈ですが、炭治郎の存在をそのように捉えてみると、あれは「笑って泣ける王道バトル漫画」にとどまらず、「トラウマ的な責任と倫理」の問題を問い続ける、まさに異形の物語のようにも思えてきます。パンデミックでひきこもりを余儀なくされるという異常な社会環境が、そんな物語への共感を、作り手の想像もはるかに超えて増幅させていった……。

つい、語り過ぎました（笑）。佐藤さんは、あの作品にどんな感想をお持ちなのですか？

家族単位の自助しかないというメタファー

佐藤　新型コロナとの関連性という点で言うと、私は二つの要因を感じました。一つは、鬼が登場するという文脈です。「鬼滅」と同じ頃に『約束のネバーランド』という作品がヒットしましたが、あれにも人間を食べることで知能などを維持する鬼たちが出てきました。

もともと鬼というのは、「目に見えないけれども、災いをもたらすもの」というのが起源です。そういう人知の及ばない存在との相克《そうこく》の物語が、コロナと対峙する時代状況と重なった。そのことが、「鬼滅」のヒットと無関係だとは思えないのです。

斎藤　なるほど。確かに新型コロナウイルスは、鬼にほかならない。

佐藤　もう一点、そういう状況下で、結局守ってくれるのは家族だけ、きょうだいだけ、というメッセージも、あの作品からは強くうかがえます。炭治郎と妹・禰豆子《ねずこ》の戦いの

物語を通して、鬼をやっつけるには、家族単位の自助努力しかないのだ、と訴えているわけです。(笑)

斎藤 作家自身が、あの作品には家族主義が通底すると、はっきり謳《うた》っています。そこが時代にフィットしたということは、確かに言えるのではないでしょうか。

佐藤 大げさではなく、こうした漫画とかアニメとかは、時代の社会構造をしっかり反映しているわけです。最近であれば、タワマンのママ友同士の葛藤を描いた『おちたらおわり』とか、三十歳を過ぎた女性二人が女子会を繰り返す『東京タラレバ娘』のシーズン2とか。あえて余計なことを言えば、こういうものを読んだほうが、下手な政治評論よりもよほど社会のことが分かるのではないかという気がします。

斎藤 その手の漫画がよりビビッドに社会を反映しているのは、間違いないです。そういうリアリティとか、そこから生まれる共感とかがなければ、そもそも読んでもらえませんから。

佐藤 ただ、それをどう読むのか、どんな教訓を引き出せるのかは、読み手の「責任」でもあります。「鬼滅」についても、単に「コロナ禍の中で、すごいブームが起こった」にとどまらない分析が行われるべきでしょう。

斎藤 あれだけの現象が起こったことも含めて、さらなる検証が実行されるべきだし、それだけの価値がある作品だと思います。

生きるヒント①

- 「密な家族」は仲良くなるか、険悪になるかのどちらかに振れやすい。
- 女性は男性よりも、「会わないこと」から受けるダメージが大きい。
- 家族・友人との関係を大切にする。
- 家庭内にも心のソーシャル・ディスタンスを！
- 他人のトラウマに寄り添い過ぎない。自分が壊れてしまう。
- ステイホームは依存症に陥りやすいので注意しよう。
- 追い込まれないために、悩みや苦痛は口外すべし。ぜひ、役所などにも頼ろう。
- 精神科と心療内科の違いを理解して、適切な治療を受けよう。医師は選ぶべし。
- ペットや趣味など「内向きの不要不急」を大切に。

第2章

人はなぜ、人と会うのか

コロナが一種の「救済」になった人もいて

佐藤　新型コロナに伴う外出自粛、移動制限によって「人と交流できなくなる」つらさがいかばかりのものか、自殺や依存症との関連でお話しいただきましたが、そこまでいかなくても、緊急事態宣言下、営業時間短縮要請を拒否する居酒屋の前には、たくさんの人が行列を作りました。

斎藤　それも駄目ならと、駅前や公園で多くのグループがたむろする「外飲み」が始まったわけです。あれも、社会がこういう状況にでもならない限り「あり得ない景色」でした。

佐藤　いい悪いは別に、生身の人間同士が対面で交流し、情報交換を行うことの意味とかありがたさを、多くの人が痛感させられたわけですね。

一方で、図らずも新型コロナは、集団になる必要のないリモートの可能性も可視化しました。「なんだ、わざわざ出社しなくても仕事になるじゃないか」「今まで満員電車に揺られていたのは、何だったんだ」と。

斎藤　リモートワークは、すっかり定着しました。おっしゃるように、これまた多くの人や組織が、「人と会わずに済む」メリットを自覚したからにほかなりません。

佐藤　みんなで集まりたい。いや、集団を離れて仕事や生活ができるのはありがたい——。これは、絵に描いたような二律背反です。コロナ禍は、この矛盾した心情が鋭く併存する社会を出現させたと言っていいでしょう。

斎藤　冒頭で述べたように、おっしゃるような矛盾が存在する状況というのは、研究という面からすると「なぜ人は、人と会いたがるのか」を検証できるまたとない機会だと言えます。「なぜ無理して人と会わなくてはならないのか」と言い換えることもできるでしょう。

佐藤　その非常に興味深いテーマについて、ここまでの検証を踏まえて、議論を進めていきたいと思うのです。斎藤さんは、今の自らが発する問いに対して、どのようにお考えなのですか？

斎藤　分かってきたことの一つが、どうやらその「なぜ」を考える時の〝モノサシ〟は、人によってかなり違うということなんですよ。

あえてこんな話からしてみましょう。「コロナ社会」におけるメンタル状況について聞き取りをすると、「感染症は収まってもらいたいけれど、コロナがもたらした今の社会状況はなくなってほしくない」と言う人が、それなりの数いたのです。これも、ちょっと想定外だったのですが。

佐藤　自分にとっては「自粛社会」が望ましい、と。

斎藤　特に、やや「発達障害」的な側面を持つ人たち、要するに「人と会うこと」に対する「耐性」が低い人たちなどは、現状が非常に心地いいと言うのです。私は「コロナロス」、あるいは「コロナ・アンビバレンス（相反する感情を同時に持つこと）」と表現するのですが、こういう人たちにとっては、「対面が前提」の世界はまさに地獄で、コロナによってようやくそこから脱出することができた。だから、失いたくはないと考えるわけです。

佐藤　コロナが一種の救済のような役割を果たしているのですね。

斎藤　そういう可能性があると思います。そこまで「深刻」ではなくても、「リモートワークは楽だから、このままがいい」と、ある意味「過ぎ去っていくコロナ」を惜しむような声を、普通のサラリーマンなどからも結構聞かされました。まだ緊急事態宣言やまん延防止等重点措置が繰り返されていたさなかに、です。

付言すれば、ある種の災厄が長期化して生活のあり方が変容をきたすと、たとえその生活が多少不便でストレスを感じるものであっても、人々はそれを受け入れて「慣れて」しまうことがあります。いったんそうなると、元の生活様式に戻るのに逆に抵抗を覚えてしまうのもまた、自然な感情と言えるんですね。例えば、戦時下の不自由な疎開生活を「楽しい思い出」として語る人は、少なくありません。現代のロシアにも、貧しく不自由だったソ連時代を懐かしむ年配者が少なくないという記事を読んだことがあります。

佐藤　コロナ禍もこれだけ長期化しましたから、たくさんの人が知らないうちにそんな精神状態になっていてもおかしくないのかもしれません。

斎藤　私自身も、佐藤さん同様、コロナで増えたリモートワークには快適なものを感じています。無理して人と会うのは、ある意味けっこう暴力的でつらいことだったのだ、ということを再認識することができた一人と言っていいでしょう。

人に会えないから「楽になった人」と「萎れてしまった人」

佐藤　無駄な人間関係はいらないという意味で、おっしゃるような「コロナロス」は理解できるような気がします。私的な経験を言わせてもらうと、外交官時代は政治家との会食が毎晩二件はありました。新聞記者も、昼夜を問わずやってきて、彼らの名刺は二〇〇〇枚くらい持ってましたね。うち一〇〇人くらいとは、常時付き合っていた。ところが、逮捕されて東京拘置所から出てきた時には、私を相手にする記者は、三人に減っていました。

斎藤　みんな、お上に睨まれた「危ない人」には近づかないようにしよう、ということでしょうか。（笑）

佐藤　「佐藤はもう終わった」と思ったのでしょう。でも、そこで気づいたのです。仕事がらみの人付き合いは、もともとそれで十分だったのだ、と。その三人とは今でも交流があります。

斎藤　なるほど。

佐藤　個人的には、バブルの極致にあった人間関係を一回リセットするのに、東京拘置所の五一二日間は、この上なく有効だったわけです。

一方、今の作家という職業にとっては、いろんな人と会うというのは大事なことです。限られた人とだけ付き合っていると、どうしても世界が狭くなってしまいますから。ただし、やっぱり「嫌な人」と付き合う必要はないと思っているのです。相性が合わないと感じる相手との接触は、摩擦を増やすだけ。私は、一回会って「合わないなあ」と感じたら、二度目は断ります。そういうふうに、会う相手の選定ができるというのが、外交官時代との一番の違いで、非常にありがたいことだと感じているんですよ。

斎藤　メンタルヘルス的には、いい環境だと思います。（笑）

佐藤　私の転機は、そういう個人的なアクシデントだったのですが、コロナ禍も「必要な人とだけ会う」ことが可能な環境を生んだわけですね。ご指摘のように、そのことを喜んでいる人は少なくないはずで、そういうのが、一見意外に思える「コロナを惜しむ心情」の背景にはあるのでしょう。

斎藤　ただし、みんながそんな感じかと言えば、そうではないのです。感染拡大以降、快適などころか戸惑うばかりで、目に見えて元気をなくした人が、私の周りにも多くいます。個人的な印象だと断っておきますが、そのようにみるみる萎れてしまったのは、たいてい常日頃とても社交的な人物です。

佐藤　それこそ、人と会って話をしていないと生きていけない、という感じの人ですね。確かにいます。

斎藤　こういう人にとっては、対面が制限されるというのがことのほか大きなダメージになるのだ、ということがよく理解できました。当たり前の日常が突然消えるなどということは想像だにしていなかったので、急激な環境変化についていけず、元に戻る見通しも立たず、どうしていいのか分からなくなってしまった。

佐藤　コロナを惜しむような精神的ゆとりは、とてもないでしょう。極論すれば、その延長線上に、うつとか虐待とか自殺とかの増加があるわけですから、あらためて「人と会えないこと」が社会に与えた負荷の大きさを、思わざるを得ません。

斎藤　「対面を好むか好まないか」という切り口からすると、コロナ禍によって、今説明したように、人には二つの類型のあることが明らかになったと思います。

佐藤　さきほどおっしゃった〝モノサシ〟の違いによって、分かれるわけですね。

斎藤　そうです。そして、その中間もあると、私は考えているんですよ。

佐藤　確かに、「コロナロス」的な心情などさらさらなくて、早く元の生活に戻りたい。さりとて、人と会っていないとだめだというほどでもない、という感じの人は多いはずです。

斎藤　さきほど、リモートワークは快適だと言いましたけど、かく言う私自身もそういう「中間型」だと思うのです。

いろんなインタビューに応じたり、ものを書いたりして外向きの発信に励んではいるのですが、こう見えて、実はいくぶんひきこもり気味の性格傾向であることを自覚しています。たまに散歩などが許されるならば、半年や一年「自粛生活」を送ることが苦にならないことも、体感しました。とはいえ、「対面」をとことん回避したい、ということでもないのです。東京などに出された最初の緊急事態宣言では、欧米のロックアウトまではいかないにしても、かなりシビアな外出制限などが実行されましたよね。

佐藤　まだ、世間も「自粛慣れ」していませんでした。

斎藤　あれが解除され、いったん自粛が緩み、対面の機会が復活して気づいたのは、「会うのも悪くない」ということです。むしろ定期的に対面機会があったほうが、生活満足度が安定するという、これも確かな実感があったんですよ。つまり、自分は「人と会うこと」を常に渇望するようなタイプではないものの、実際には無意識に「対面」によって活性化されエンパワーされてもいた、ということになります。「表面的にはそれほど社交性は高くはないものの、ある程度の対面は必要」というタイプだと言えばいいでしょうか。

佐藤　「私もそうだ」と感じる人が少なくないのではないでしょうか。

斎藤　人が「人と会うこと」に対して感じるニーズ、あるいは耐性には、「会いたい」「会うのはつらい」そして「その中間タイプ」という、ざっくり言って三つの類型がある。そういう構造が、今回のコロナでかなり浮き彫りになったと思うのです。

会うことは「暴力」である

佐藤　今の話をさらに深めたいのですが、斎藤さんは、さきほど人と会うことについて「暴力的」という言葉を使われました。インタビューでも、「新型コロナは、他人と会うことがある種の『暴力』であることを顕在化させた」と、述べています（「朝日新聞アピタル」二〇二〇年六月十四日配信）。「会うこと＝暴力」という言い方には、正直、違和感を覚える人もいるのではないかと思うのですが、そこにはどんな意味が込められているのでしょうか？

斎藤　まず申し上げておきたいのは、ここで言う暴力は「他者に対する力の行使」すべてを指す概念で、いいとか悪いとかいう価値判断とは無関係だということです。「力」には物理的なものから、心理的、形而上学的なものまで含まれます。ですから、そもそもすべての暴力が非合法であり、悪だと言うことはできません。

佐藤　国家に不可欠な警察や軍隊は「暴力装置」ですから。

斎藤　実は一般的な概念としての「他者に対する力の行使」は、社会の至るところにあるのです。人と人が出会うことや、集まって膝を交えて話すことも、まさにそれに該当する。身体的・物理的な暴力はもちろん、目の前にいる人の態度や言葉に一切の攻撃性が見当たらなかったとしても、そこには常にミクロな暴力ないし暴力の徴候がはらまれている、と私は考えるのです。

ここで言う暴力を、さきほどの三類型に即して説明すると、「あの人に会わなくてはならない」という気の重さのようなものと、「久々に会えて嬉しい」といった感情という両義性を内包する、と言うこともできるでしょう。まあ「圧力」でも「重力」でもいいのですが、対人関係を表現するという点で、やはり「暴力」が最もしっくりくると感じて、この言葉を使っています。

佐藤　なるほど。

斎藤　もう少し具体的に話してみましょう。繰り返しになりますが、私自身、対人恐怖症気味、発達障害気味の人間で、人と会うのは基本的に苦痛なのです。約束の時間が近づくと、妙に緊張したり不安になったりもします。ところが、不思議なことに、実際に会って話をすると、とたんに心が楽になる。毎回この繰り返しで、会えば楽になるのが分かっているのに、会うまでは苦痛を感じたりするわけです。

佐藤　これも、「そうそう」と相槌を打つ人は、多いのでは。

斎藤　おっしゃる通りで、以前そのことをブログに書いたら、けっこう膨大な共感の声が寄せられたんですよ。それで、自分と同じ「症状」の人が多数いるのだと分かりました。

佐藤　私も、「優しい編集者」なども含めて、多くの場合、人と会うのにはやっぱりしんどさを感じます。

斎藤　佐藤さんでもそうなのですから、読者の方は、しんどくても心配する必要はありません（笑）。そのように、人に会うというのは、どんなに相手が優しい人であっても、お互いが気を遣い合っていたとしても、それぞれの持つ領域を侵犯し合う行為なのです。相手の境界を越えなければ、会話自体が成り立ちませんから。

佐藤　確かにお互いの境界内で話すだけなら、独り言と変わりません。

斎藤　私は、コロナによる外出自粛、リモートの導入で、そうした暴力がいったん消滅した結果、逆に社会生活の中でいかにそれが絶大な影響力を行使していたのかが、浮かび上がったように感じるのです。考えてみれば、自分が日常的に行っていた会議も授業も診察も、みんな多かれ少なかれ暴力性をはらんでいたわけです。だから、そこに向かうまでは、とても気が重かったりもする。

佐藤　では、どうして人間はわざわざつらい思いをしてまで、人と会おうとするのでしょうか？

斎藤　身も蓋もない言い方に聞こえるかもしれませんが、「会ったほうが、話が早い」からだというのが、現時点での私の結論です。考えてみれば、これは暴力の本質でもありますよね。

佐藤　それは確かにそうです。（笑）考えてみれば、私が長年関わってきた外交などはその典型です。あの仕事は会わなければ始まらない。対面であるがゆえにある種の精神的、身体的な圧力を伴い、だからこそ、お互いに真剣に交渉を展開し、譲歩を引き出せる可能性が生じるわけです。交渉の途中で物理的に遮断できてしまうリモートでは成立しない。怖いから交渉は成立するんです。斎藤さんが指摘されるように「話が早い」というのは、暴力的だということです。

斎藤　ここで重要なのは、この暴力がなかったら、恐らく人間は生きてはいけないだろう、ということです。言い方を変えれば、生きていこうとしたら、暴力に曝されることから逃れられない。

もう一度、初体験の緊急事態宣言の時のことを思い出していただきたいのですが、あの精神的なロックダウンに近い自粛期間中、たとえるならば、我々は宇宙空間のような無重力状態に置かれました。そして、それが解けた後は、地上に足をついてしっかり体重を感じた。その重さに嬉しさも感じれば、再び立たなくてはならない煩わしさや憂鬱さも覚えたわけです。

佐藤　もし暴力が完全になくなってしまうと、世界は際限なくエントロピー（不確定）化して、我々自身も消えてしまう。裏を返せば、拡散を防ぐためには、ちょっと無理して耐エントロピー構造を作っていかねばならず、その機能を果たすのが暴力にほかならない――。そんな理解でよろしいでしょうか？

斎藤　おっしゃる通り、社会の根源に暴力があると思うのです。誰かが誰かとコミュニケーションを結ぶところに暴力がなかったはずはないし、経済の始まりにしても、交換という名の暴力だったかもしれません。

対面とリモートはどこが違うのか

佐藤　それにしても、斎藤さんのお話をうかがってきて、自分のやっていた外交官というのも、まさに「暴力をどう効率的に行使するか」という仕事だったのだと、再認識できました（笑）。どれだけ相手の考えていることを曲げさせて、こちらの意思を通すのかが、外交官の腕ですから。

ただ日本の外交官の多くは、訓令執行は比較的完璧にこなすのですが、情報収集とかロビイングとか、要するに明確な訓令のないところで人に会って何ものかを摑んでくる、あるいは新たなプロジェクトを発動させるというような局面になると、とたんにできる人の数が減ります。かつてに比べて語学力が低下したために気後れしてしまう、というのもあると思うのですが、ご指摘の「人と会うことの暴力性」のような部分の訓練をあまり受けていないことも一因なのかな、と感じます。

斎藤　一般の外交官は、あまりそのへんは意識しないのですか？

佐藤　私が知るロシアやイスラエルの外交官は、十分意識してコントロールしていたように思います。日本人でも、交渉がうまい人は、自分が暴力性を帯びたことをやっているという自覚を持っていましたね。そういう人たちは、例外なく人当たりはソフトなのです。

政治家の暴力は、また一味違っていて、腕を上げるとあたかも相手が自ら望んだことのようにして、こちらの意思を強要してしまう。鈴木宗男さんとか、小沢一郎さんとかは、そういう意味で一流の暴力の使い手と言えるでしょう。

斎藤　まさに政治家という職業も、人に会わないと始まらない。暴力を振るえる空間がないと、意思を通せませんからね。

佐藤　そこでもう一つ質問なのですが、そもそも面と向かって会うことが、そういう暴力性を帯びるのは、なぜでしょうか？　同じように顔が見えているリモートと、どこが違うとお考えですか？

斎藤　それは現前性、臨場性の効果だと、私は思っています。そこに「物」として存在するということが、非常に強い力を及ぼす。「オーラ」と言ってもいいでしょう。科学的には、なかなか証明しづらいところもあるのですが。

佐藤　確かに、Ｚｏｏｍに映る人からオーラを感じることは、ほぼないですね。

斎藤　平時ならあまり意識されることはなかったのですが、実は目の前に人間がいるというのは、それ自体が自我境界を脅かす出来事だったわけです。そのことにより、我々はＺｏｏｍ画面に映るタイル状の平たい顔面をはるかに超えた情報量、エネルギーを否応なしに受け取ることになります。いったんその関係に巻き込まれると、身動きがとれなくなるようなところがあるわけです。

私は、発達障害の人と多く向き合いますが、そういう暴力性に対するセンサーが鋭敏な人たちの気持ちになってみると、このことがよく理解できます。例えば、一九九二年に、世界で初めて自閉症者の精神世界を内側から描いた『自閉症だったわたしへ』を発表したドナ・ウィリアムズは、同書で次のような心情を綴っています。

あんたなんかに会いたくない、帰ってよ、とウィリー（注：ドナの別人格）は怒鳴った。しかしティムはわたしの手を取ると、わたしにやさしくキスをしたのだ。わたしは両手で乱暴に彼を押しのけた。親密さは痛みに感じられて、耐えることができなかった。ティムは立ち尽くしたまま、そうやってわたしが一人で自分と闘っているのを、見つめていた。

相手がどれほど慈愛に満ちた人間であっても、その優しささえが耐え難い暴力として身に迫ってくる。親切にされること、優しく見つめられること、抱きしめられることはことごとく苦痛でしかなかった、とドナさんは書いています。

佐藤　自分にとってポジティブかどうかは関係なく、自己の領域に入り込んでくることを受容できないわけですね。

斎藤　だから、暴力なのです。こうした人に対して、「あなたのためを思ってのことなのに、どうして分かってくれないのか」といった対応をするのは、間違いです。

ただし、さきほども申し上げたように、そういう現前性のエネルギーを「悪」と決めつけることはできません。「暴力を使えば話が早い」と言いましたが、集団で何ごとかを実行しようと思ったら、集まって多様な意見を取りまとめ、決断し、行動のプロセスを一気に進めるのが、最も効率的でしょう。

卑近な例を挙げれば、私など対面で打ち合わせをやると、ついつい嫌な役回りを引き受けてしまう（笑）。逆に言えば、誰かにそういう依頼をしようと思ったら、会って話すべきなのです。

佐藤　対面の話には、人を巻き込む力があるんですね。そう言えば、編集者というのも著者を巻き込まないと仕事にならない職業です。私も少し前、編集者に雑談で話したことを「字にしませんか？」と迫られて、その場の勢いでつい「やります」と言ってしまって。で、原稿を書いて発表したら、結構な大ごとになったことがありました。（笑）

斎藤　まさに暴力の被害者ですね。（笑）

宗教における「会うこと」の意味

佐藤　キリスト教では、そういう人間の根源にあるものを、「罪」「原罪」というプリミティブな言葉で表現します。原罪が形になると悪になり、それが人格化されると悪魔になる。暴力というのは、その概念に通じるものがあるのではないかという感想を持ちながら、今の話を聞いていました。

斎藤　なるほど。原罪というのも、すごく抽象化された暴力の象徴と言えるのかもしれませんね。だからこそ、「人は暴力から逃れられない」という解釈につながるように思います。

少し話がそれるかもしれませんが、宗教の話になったので、ぜひ佐藤さんにお聞きしておきたいのは、宗教こそ会うことや集まることが最も重視されますよね。そんなこともあって、コロナ禍の初期の頃、韓国の教団がしょっちゅうクラスターを発生させて、叩かれたりしました。

佐藤　ありましたね。

斎藤　イスラム世界でも、ものすごく「モスク発」の感染拡大のリスクが指摘されました。とはいえ、やっぱり宗教儀式にリモートは似つかわしくないという印象があるわけです。宗教は、感染症で人と会うのが難しいという現実をどう受け止めて、それに対処しようとしたのでしょう？

佐藤　現実的な対処としては、集団感染は防がなくてはなりませんから、様々な制約を受け入れざるを得なかったと思います。ただ、キリスト教に関して言うと、教派によって状況への対峙の仕方がくっきり分かれたのです。

斎藤　そうなんですか。プロテスタントとカトリックは違うとか。

佐藤　カトリックと正教とプロテスタントでもルター派には、「とにかく会わないと始まらない」という教義が刷り込まれているんですよ。キリスト教で、洗礼とともに最も重要視される儀式が「聖餐式《せいさんしき》」と言われるものです。キリストが十字架にかけられる前夜の最後の晩餐でパンとぶどう酒を取り、「これわが体なり、わが血なり」と言ったことに基づいて、それらを会衆に分かつのです。

ここで、このパンとぶどう酒をどのように捉えるのか、という神学的な問題があって、正教会やカトリック教会は、目の前にあるパンが本当にキリストの肉になる、ワインがキリストの血になる。だから、その場にいて、神父が聖変化させるのにあずかって、それらを「共食い」しないといけない、という教義なんですね。だから、リモートではできない。信者が集まってこの儀式をやらないと、教会になりません。

ルター派は、「実体共存説」といって、パンやぶどう酒とキリストの血肉が共存する、キリストの血と肉がその場にあるという考えに立つので、やはりその場にいないと駄目です。

斎藤　なるほど。私の単純な理解だと、カトリック系の偶像崇拝的な部分ですよね。キリストの遺体を包んだとされる「聖骸布《せいがいふ》」のような聖遺物を大事にするのも、カトリック系ですから。

佐藤　それが、ルター派にも当てはまるのです。ですから、ヨーロッパのルター派の教会に行くと、素人だとカトリック教会と区別がつきません。ちゃんと聖像もあるし、中が絢爛《けんらん》豪華ですから。

一方、十六世紀のイコノクラスム（聖像破壊運動）で、聖像などを全部廃してしまった改革派、要するにカルヴァン派、ツヴィングリ派の教会は、まったく違います。特にスコットランドのプロテスタント教会は徹底していて、十字架もありません。

斎藤　それで、コロナへの対応も変わってくるわけですか。

佐藤　パンもぶどう酒も、基本的にはキリストの血肉のシンボルに過ぎないと考えますから、私の行く教会でも、聖餐式が普通にＺｏｏｍでできてしまうのです。

斎藤　こういう世の中になってみて、キリスト教社会でも、そのコントラストがあぶり出されたわけですね。言葉が正しいか分かりませんが、非常に面白い。

キリスト教は分かりましたが、イスラム教は神が唯一絶対の偶像崇拝禁止だから……。

佐藤　会わないと絶対駄目ですね。

斎藤　確かにイスラム教のモスクの礼拝なんかを見ると、集まることによるグループ感というか、空気感といいますか、宗教的な気配が高まっている感じは結構大事だと感じますから、ああいうのを抜きにしては成立しないように思います。

佐藤　キリスト教にも、聖霊が教会に宿るという発想がありますから、教会に行かなくてはいけないという強迫観念のようなものは、プロテスタントにもあります。

宗教の「暴力性」。その根源にあるもの

斎藤 この前、アカデミー賞にもノミネートされた『聖なる犯罪者』というポーランド映画を見たんですよ。少年院を出たばかりの青年が、立ち寄った村で司祭になりすますという実話を基にした作品です。この青年が、ロックコンサートのごとく上手な演説といいますか、お説教をするわけです。それで、騙された村の人々がまとまっていくというストーリーなのですが。

佐藤 ポーランドはカトリック信仰の強い国ですから、聖職者がアジテーターの役割を果たすことが珍しくありません。

斎藤 アメリカでも宣教師的な人が大衆動員をして、人々を改宗させる運動がありましたよね。

佐藤 「アメリカの伝道師」と言われたビリー・グラハムとか。

斎藤　なぜ宗教にこだわるのかというと、そういうふうに人々を動員して、一気に思想を変えようと思ったら、とにもかくにも集めなければ始まらないだろうな、と感じるわけです。特に宗教のようなものは、基本的に集まることそのものが本質的なところにつながっているのではないか、と。そう考えると、宗教もやはり暴力だと言わざるをえない。それも、かなり強い暴力性を帯びているのではないか、という気がするのです。

佐藤　それはおっしゃる通りで、そういった暴力性抜きの宗教はありえないでしょう。その暴力を徹底的に詰めていくと、いつしか全体主義のようになって、自分を相手に完全に受け渡すことによって逆に自由になれる、というような発想も出てくるわけですが。

斎藤　そうですよね。

佐藤　宗教の暴力性が強いというのは、どこかで死が関係しているからではないか、という気もするのです。人間はやっぱり死を免れないとなると、いくら「自立した個」と言い立てたところで、そんなものではその恐怖に耐えられないかもしれません。そうなると、個を全体に埋没させるしかない、ということになるわけです。

ところが、それが行き過ぎると、半ば原理主義的に、この世の終わりが近いのだと語りかけるオウム真理教のような、終末論的な考えを持つに至ることもあるわけです。そこには、死を私事としてしまったことによって、死によって「復讐」されているという要素が、多分にあるようにも思います。

斎藤　死によって復讐、とは？

佐藤　我々は、死というものを公の領域からどんどん排除して、私的領域に押し込めてきました。つまり、日常的に死について考えない、それを見ない生活を世俗的に営むようになった。その結果どうなったかというと、多くの人は死についての訓練ができていないのです。そういう人が、ある日、死を怖がった瞬間に、宗教はまさに暴力的な形で自分たちのほうにぎゅっと引き入れてくる力がある。その宗教にも、いろいろなものがあるわけです。

斎藤　なるほど。おっしゃるような「死の意識」は非常に重要で、コロナ禍において、あらためて問い直されるべきテーマでもありますね。

最近出てきている言説に、ケアリング、看護において人をケアすることがなぜ有効なのかというと、ケアする側も死するべき運命を持っているからだ、というものがあります。だからこそ、患者に心から寄り添えるというわけですね。私は、すごく本質的な指摘ではないかと思っています。

佐藤　ケアしていると、共依存のようになる例は、周りでもよく見ますが。

斎藤　それは、むしろ「不死」になってしまっているケースですよね。お互い、死を認めないようにしよう、と。そうではなくて、ケアする側も有限性を帯びた人間であることが、結構ケアにおいては大事な要素だと思うのです。

佐藤　これは似た話になるのかもしれませんが、在宅で末期がんの人のケアをしている医師を何人か知っているのですが、得度《とくど》する人が多いんですよ。一生懸命患者のケアをしているうちに、どうしても医学の枠内ではできないことに直面して、結局出家して僧侶になる。

斎藤　それは、患者のほうから「死の意識」を教えられたということなのでしょう。

佐藤　付け加えておくと、キリスト教は、死というものに対しては結構強い宗教なのです。肉体も魂もいったん滅びるのだけれども、それが再び復活するのだというのが、キリスト教の死生観です。そこまで信じてしまえば、死に対する耐性はすごく強くなります。

そういう「魅力」というものが、理屈抜きにキリスト教の長い歴史の中にあるので、熟練したキリスト教の牧師とか、神父とか、あるいは自覚的に強い信仰を持っている人と接触したりすると、その人たちの「信じなさい」という暴力性に、強く引き寄せられることになるのだと思います。

斎藤 分かります。

佐藤 死が前提とされるような病気が明らかになった時に、淡々と遺言を書き、財産目録を作って公証役場に行くというようなことをやれる「強い人」は、世の中にはなかなかいないのではないでしょうか。

斎藤 自分事として死を意識すると、やはり信仰に近づく可能性が高まるわけですね。

実際に会わないと満たされないこととは

佐藤 リモートは便利だけれど、「実際に会うのとは何か違うな」と感じることもある。

そういうモヤモヤした部分が、だいぶクリアになった気がします。

斎藤　もう少しだけ、謎に分け入ってみます。人には、実際に会わないと満たされないものが二つあると、私は考えているんですよ。「欲望」と「関係性」です。人間同士が会うことの意義が最大化されるのは、この二点に関してだと言っていいと思うのです。

佐藤　なるほど。それぞれについて説明していただけますか。

斎藤　初めに後者の「関係性」について、具体例から述べてみたいと思います。会わないと始まらない側面が強いものに教育があります。今の大学生は、非常に不幸なことに、教授の顔をリモートでしか見られない、横のつながりを持てない。会うことから隔てられていることによる教育の損失にも、計り知れないものがある感じがします。

佐藤　私は、コロナ以降、大学でリモートの講義もしたのですが、対面に比べて不都合だと感じることは、あまりありませんでした。むしろ、以前に比べてスピード感を持って授業を進めることができたという手応えを得たんですよ。

ただし、それには条件があって、〝一見のお客さん〟がいなかったのです。すでに数年間、対面で授業を行い、それこそ現前性を通じて学生の個性も確認しているし、お互いの信頼関係もある。だから、Ｚｏｏｍの画面を通してでも、考えていることがよく分かるわけです。リモートで得られる情報を想像力などで補うことができる、という感覚でしょうか。

斎藤　分かります。

佐藤　しかし、新入生がいきなりＺｏｏｍというのは、授業をする方も受ける方も、かなりつらいはずです。

斎藤　そうです。ところが、残念ながらそうなっているケースが非常に多い。もちろんリモートで補完できる部分もあるのですが、絶対無理なのが実習と実験です。当たり前だろうと言われるかもしれませんけど、「人に会うことの意味」を考えるうえでは、案外そのへんにヒントがあるのではないかと思うんですよ。

医学を例に取れば、実習現場の在りようは、偶有性に満ちていて不確実そのものなのです。教科書通りにはいかない、その場で経験、吸収すべきナレッジをたくさん含んでいる。時間をかけて深く考えれば、教科書の記述に即したことが起きていたとしても、目の前の事象はまったくそうではないように見えることが、しょっちゅう発生するんですね。学生には、実習を通じてそうした不確実性の幅も「込み」で習得してもらう必要があるわけで、座学のみ、臨床実習抜きで医者になったら、本人も患者も怖くてしょうがない。（笑）

佐藤　不確実性とは、リアルだからこそ起こるある種の「事故」ですね。事故があるからこそ、新たな発見があり、新たな展開が起こりうる。確かにそういう不確実性は、リモートで再現するのは困難でしょう。

斎藤　勉強だけではありません。例えば、これも不確実性に満ちた性関係を始めたり深めたりするのは、会わなければ不可能です。リモート飲みがイマイチつまらないのは、リアルな飲み会と違って二次会、三次会がないから、などと言われますけど、要はそこから偶有性や不確実性を埋めていくような関係性の発展が期待できないわけです。

佐藤　なるほど。そういう不確実な世界を決着なり発展なりさせるためには、面と向かって会って、関係性を持つ必要がある。

斎藤　わざわざ会わなくてはならない理由は、そういうところにあるのではないでしょうか。単なるコミュニケーション、情報交換ならば、リモートで十分というか、場合によってはそちらの方が効率的なのかもしれません。

佐藤 あえてうかがえば、ご指摘の「関係性」は、コミュニケーションとは違うということですね。

斎藤 「情報のやり取り」という意味でのコミュニケーションとは、対義語に近いというのが、私の感覚です。情報伝達においては、むしろ現前性を捨てた方が効率的で、間違いも起こらないでしょう。

佐藤 暴力性の強い人の発言を深読みしすぎて失敗するようなリスクも、減らすことができる。

斎藤 そういうことです。

一人では欲望は維持できない

佐藤 会うことの意味としてもう一つ指摘された「欲望」ですが、私自身の経験で言うと、拘置所にいる時は、物に対する執着がものすごく肥大化したことを覚えているんですよ。例えば、ボールペンの芯とかを購入するのが、嬉しくて仕方がない（笑）。持てるものが限られるからか、物欲が妙に強くなったのです。

斎藤　獄中で欲望が高まる話は、自らの経験を描いた花輪和一さんの『刑務所の中』という漫画にも出てきますよね。銃マニアで、自宅に実弾なんかを置いていたのが見つかり、懲役刑を食らった漫画家です。刑務所内では、甘味に対する欲望がめちゃくちゃ亢進して、ここから出たらとにかく永遠に甘いものを食ってやるんだ、みたいな夢を持っている人が結構いた、という描写がありました。

佐藤　土曜日の昼間の食事には、必ず汁粉かうずら豆の甘煮のような、極度に甘いものが出るのです。五〇〇グラムの白砂糖が売られていて、これも人気商品でした。

斎藤　砂糖を買うんですか。

佐藤　買って舐めている。囚人は、甘いものを食べていると満足するのです。

斎藤　なるほど（笑）。そういうふうに、強制的に閉塞空間に置かれると、直接的な欠乏ゆえに性欲、食欲、物欲などが亢進しやすくなるのだと思います。ただ、私がここで述べたいのは、「人に会わないと、欲望が減退する」ということなんですよ。

佐藤　それは、私の経験や花輪さんの漫画の話とは、逆の現象ですね。まさに私は、独房で一人だったのですが。

斎藤　その矛盾は、このように説明できると思います。佐藤さんは、自らの意に反して独房の人となりました。

一方、ひきこもりの人は、他者に強制されたわけでなく自ら進んで閉塞環境に身を置くわけです。少なくとも最初はそのように始まります。そのような場合には、刑務所や拘置所などに入れられたのとは違い、反対に欲望がどんどん低下していく、という事実があるんですよ。

佐藤　つまり、ひきこもっている人は、比較的欲望の水準が低いということですか。

斎藤　比較的どころか、無茶苦茶低いのです。朝起きて、ご飯を食べて、日がなぼーっとして寝る、みたいな全く欲望のない人も珍しくありません。私は、ひきこもりの回復の指標は消費活動をどれだけするかだと考えているのですが、たいていのひきこもりの人は一年間に一〇万円も使わないですね。

佐藤　その金額は、ちょうど拘置所にいる場合の年間消費額と同じです。囚人は主観的に物欲が亢進していると思っても、そのくらいしか使うことができません。食品や文房具なども拘置所当局によって購入の上限が定められています。

斎藤　偶然ですが、面白い符合ですね。ひきこもりの人は、自らそのくらいしか使わないのです。欲望が減退して、使えないといってもいいと思うのですが。たまに買いまくる人がいても、どちらかといえば買い物依存で、箱も開けずに部屋に積み上げている。多くのひきこもりの人の生活費は、住居費や食費、通信費など全部含めて、年間一〇〇万円もかかっていないはずです。

佐藤　それは、国の社会福祉制度で十分負担できる金額ですね。

斎藤　そういう理解がなかなか広がらずに、世の中が「出てきて働け」というプレッシャーをかけるために、余計に出てこられなくなっているわけですが。

話を戻すと、自分の意思で人との接触を断つような生活をしていると、欲望のレベルが明らかに下がっていくのです。

佐藤　拘置所の住人とひきこもりは、境遇が似ているようで違う。では、コロナ禍で外出自粛を余儀なくされている状況はどう考えたらいいのでしょうか？「塀の中」のように、自らの意に反して閉塞空間に閉じ込められている状況にも感じられます。

斎藤　私も当初はそういう側面が強いのかな、と思っていました。しかし、さきほども言ったように、実際にテレワークなどが始まってみると、肉体的にも精神的にもけっこう楽で、「新しい生活」も捨てたもんじゃない、という感覚を持つ人も珍しくありませんでした。

佐藤　「コロナロス」という話もありました。

斎藤　つまり、多くの人が一〇〇%意に反して社会と遮断されているというよりは、半ば進んでその状況を受け入れている可能性が高いのではないか。

佐藤　ひきこもりに近いと考えられるわけですね。

斎藤　だから、リモートワークに切り替えたビジネスマンなどは、やはり欲望の低下に見舞われているのではないかと推測されるのです。自粛生活が長引く中で、いわゆる「コロナうつ」が広がっているのではないかという話もしましたが、そうした傾向は、もしかしたらこの欲望の低下と深く関係しているのかもしれません。

佐藤　ひきこもると、なぜ欲望の低下が起こるのでしょう?

斎藤　難しい問題ですが、その点については、フランスの精神分析家ジャック・ラカンの「欲望は他者の欲望である」という有名なテーゼを紹介しておきたいと思います。欲望や意欲というものは、自分の中から自然に芽生えるもののように見えて、実は他者が起源で、他者から供給し続けてもらわないと維持できない、とラカンは説きます。

例えば、人は、なぜか人の欲しがるものを自分も欲しいと思います。自分の欲望を他者に見せつけて、その承認を得たいと願ったりもします。しまいには、「満たされない欲望を持ちたいという欲望」を持ってしまったりもするわけです。

佐藤　人間がそういうややこしい生き物だということは、よく分かります。

斎藤　自分の内面をほじくり返して欲望を見つけられるとしたら、よほどの天才で、人間の欲望には、そういうふうに必ず他者が関わってきます。ですから、進んで他者との関係を断つような環境にいると、それは維持できなくなってしまう。そのことは、長年ひきこもりを見てきた私の、まさに実感でもあるんですよ。

佐藤　ということは、この間ずっとリモートワークに勤しんでいる人、それが快適だと感じている人たちの中でも、知らずしらず「欲望の減退」が進行しているかもしれないということですね。

斎藤　そこは、本当に注意が必要です。時間ができたので、キャリアアップに向けた勉強をしようと思うのだけど、なんとなくやる気が出ない。そんな感じの人は、結構いるのではないでしょうか。その手の無気力さの少なくともある部分は、「人に会わないこと」によってもたらされているのかもしれません。

佐藤　だから、暴力がないと生きていけない。

斎藤　そうです。人が必要な欲望を維持し活性化させるためには、他人と会って、ある程度その暴力に曝されることが必要になるのではないか。私はそんなふうに考えています。

リモートのいいところ、再確認

佐藤　リモート世界への「ひきこもり」にはリスクがある、という方向から議論を進めてきましたが、図らずも新型コロナがもたらしたその環境には、もちろんメリットもあることを、もう一度確認しておきたいと思います。さきほども言いましたが、私の場合には、すでに面識のある学生を相手にした授業の場合、リモートのほうが同じ時間で、多くの内容を教えることができるという実感を得ました。対面で五時間の講義が、三時間でできるという感覚です。学生の発言や質問も、とてもシャープな感じがするんですね。今の話の裏返しで、余分な情報やエネルギーが捨象された結果なのでしょう。

斎藤　おっしゃるように、リモート環境は、宗教などとは対極にある暴力性の希薄な世界と言っていいでしょう。

佐藤　週刊誌で対談したある大企業の会長は、今年の春からほとんど在宅勤務だけれど、全く支障を感じないとおっしゃっていました。この方の場合、「名誉職」ではなく、ホールディングスの陣頭指揮を執っているのですが、取締役会はウェブで十分、自分が中心の会議はパソコンの前にいるけれど、成り行きをチェックしていればいいものは、イヤホンをして庭で草木に水をやったり金魚を眺めたりしながら参加している、とおっしゃっていました。(笑)

斎藤　なるほど(笑)。仕事に関しては、私も大いにその恩恵を受けています。リモートワークは、逆にハンコ一つ押すためにわざわざ電車に乗って職場に出かけなければならない日本社会の「滑稽さ」を浮き彫りにしたりもしました。実は私自身も、コロナ禍中で、それを嫌というほど実感させられたわけですが。

佐藤 リモートは、医療現場でも大いに使えそうですね。

斎藤 日本の医師会自体は、基本的にリモート嫌いなんです。なぜかというと、表向きには遠隔医療の安全性、医療事故時の責任の所在が疑問視されているためとされますが、ホンネでは患者を遠方の大病院に取られてしまう懸念、診療報酬体系で遠隔医療が安いからと言われています。そのような事情から、アメリカなどのように一気に普及して定着することは考えにくいのですが、様々な可能性があるとは感じています。例えば、チームを組んで診療に当たる場合、今までは同じ地域のスタッフとでなければ難しかったのですが、リモートなら私と関西の人間が組んで北海道の患者さんと面接する、というようなことが可能です。すでに実践していますが、大いに手応えを感じてもいるんですよ。ちなみに、我々が力を入れている取り組みに、「オープンダイアローグ」があります。

佐藤　斎藤さんの著作を読ませていただきました。簡単に言えば、投薬ではなく、対話（ダイアローグ）によって統合失調症などの精神疾患の治療を行うわけですね。

斎藤　そうです。一九八〇年代にフィンランドの病院で始まったもので、患者と医師、看護師、セラピストなどの医療チームのほか、家族や友人などがミーティングに参加して、みんなが対等の立場で対話を重ねていくのです。この「対等」というのが一つのポイントで、医師の指導を仰ぐといった上下関係はなく、参加者が同じ立場で発言します。医療チーム同士の話し合いなども、患者の目の前で「オープン」に行われ、患者の同意なしに、話を前に進めることはありません。

佐藤　我々の頭の中にある患者と医者の関係とは、かなり違います。

斎藤　対話によって、患者を妄想というモノローグ（独り言）から抜け出させるのが目的です。「対話」とは何か、というのも深いものがあって、世間一般で対話と認識されているものも、実はそうではないことが多いのです。議論、説得、説明といったものは、相手との対話ではなく、実際はモノローグなんですよ。

佐藤　言われてみれば、その通りです。

斎藤　相手に伝えよう、理解してもらおう、考えを変えてもらおうといった「結論ありき」のやり取りは、この療法の〝肝〟となる対話ではありません。対話は、それを続けること自体が目的です。対話の主体である患者が語り、周囲はそれに対する感想を返す。治療という成果は、あくまでもそうした対話の副産物なのです。

しかし、その成果たるや驚くべきもので、この治療法を導入したフィンランドの西ラップランド地方では、統合失調症患者の入院治療期間が、平均一九日も短縮されるなどの効果が実証されました。

佐藤　従来薬を使うしかなく、しかも効果も限定的だった統合失調症が、日常生活ではほとんど意味のない会話だけで、目に見えて改善されるわけですね。つくづく人間の心の不思議さを思わざるを得ません。

斎藤　このオープンダイアローグに関しても、ある意味コロナのおかげで、リモートとの親和性の高いことが分かりました。対話を通じて、患者さんをモノローグ（独り言）の世界から抜け出させることを目指すのですが、対面でやっていた時には、居合わせた人たちが身体的な反応を含めて共感を示すとか、とにかく対話する人がそこに集まっていることに意味を見出すような実践だったわけです。ですから、当初は非対面のアプローチには疑問が投げかけられていました。
　ところが、試しにZoomでやってみたら、ほとんど問題なしだった。患者さんの反応は、「対面とあまり変わりません」「家で参加できるから楽でいいです」といった感じだったんですよ。
佐藤　治療のためには一定以上の暴力性が必要だと考えられていたけれど、実際にはそうでもなかったということですか。
斎藤　もちろん、対面のリアリティが必要なケースも多くありますから、全てリモートに移行させるというわけにはいきません。ただ、これからはZoomをデフォルトにして、むしろ対面のほうを臨時的な保険に位置づけるようなこともあり得るのではないか、と真面目に考えています。
佐藤　リモートは、予想を超えた可能性を秘めていたというわけですね。
斎藤　リモートでしか授業を受けられない学生はかわいそうだ、という話をしたわけですが、全ての人がそうだとは言えないことも、指摘しておく必要があります。どういうことかというと、学生の中には対人恐怖や対人緊張が強くて学校に来られない人もたくさんいたのです。そういった人たちにとっては、逆にリモート授業が救済になっていた面もあるのです。実際、リモート授業という「助走期間」があったおかげで、これまで参加が難しかった通常の対面授業にも参加できるようになった、という話も聞きました。対面授業は重要ですが、それが前提のような決め付けをせず、柔軟に最良の方法を探していくべきだろうと思います。

理想は対面とリモートのハイブリッド

佐藤　今の授業の話で言えば、実験や実習などの対面、現前性が不可欠なものはそうするとして、座学のうちのリモートが可能な部分については、積極的にその可能性を追求していく。そうした、ある種の切り分けが必要になってきますね。

斎藤　その通りだと思います。ただ、その切り分けの際に注意すべきことがあります。ずっと述べてきたように、対面やそこで発生する暴力性に対する耐性、感受性は、人によってずいぶん違います。

佐藤　「三類型」の話がありました。

斎藤　普通に出社して人と会って仕事がしたいという人もいれば、自粛生活がことのほか快適で、実は自分は暴力に耐えられない人間だったんだと気づいた人もいる。流行りの言葉を使えば、そうした「多様性」をしっかり認識したうえで、その作業は進められなくてはならないと思うのです。

佐藤　それは、非常に重要な指摘だと思います。ビジネスなどでも、対面が必要な部分は復活させつつリモートに転換できる作業は転換して、というのが大枠の流れになっていますけど、そこに今のような視点の「横串」を刺していく必要性を強く感じますね。

斎藤　ただ、日本では政治もビジネスも教育現場も医師会も、なんだかんだ言って対面、三密状況が好きなのです。ですから、コロナが終息した暁には、堰を切ったように以前の三密が復活するのではないか、という懸念も拭えません。

佐藤　どちらかというと、「リモートはあくまで臨時的な措置だったのだから、元に戻しましょう」という強力なバネが働くのではないか、と。

斎藤　そういう恐れを感じるわけです。目指すべきは、対面とリモートを組み合わせたハイブリッドな働き方、暮らし方だと思うのです。それは、その人個人だけでなく、組織にとっても社会全体にとってもプラスに働くのだという発想を、ぜひ持ってもらいたいですよね。暴力を嫌う人を無理やり対面の場に引っ張り出すのではなく、在宅で仕事をしてもらえば、効率はアップするでしょう。会社にとっても利益があるのだから。

佐藤　ただ、リモートが浸透したことによって、シビアに成果主義を徹底することもできます。出社して机に向かっていれば、「あいつは頑張っているな」とそこも評価の対象になるかもしれませんが、リモートになったら結果が全てですから。

斎藤　そういうことになりますね。〝ポストコロナ〟の新たな社会設計を行う際には、説明したような、多様性に配慮したハイブリッドなインフラの構築を望みたいと思うのです。

生きるヒント②

●①人に積極的に会いたい人、②一人でいたい人、③その中間くらい。自分はどれか、「あの人」はどれか、考えてみる。

●人に会うのに苦痛を感じるのは、そこに「暴力性」があるからだと理解する。しかし、その「暴力」には意味がある。

●人は、人に会うことで欲望を維持できる。多くの人は、一人ぼっちで欲望は維持できない。欲望の減退は元気を失わせる原因にもなることを知っておこう。

●人と会うことで不確実性は高まる。「偶然の事故」から新しい発見があったり、新たな展開が生み出されたりする。だから対面にはリモートにはない意義がある。

●「なんとなくやる気が出ない」のは、「コロナうつ」の前兆かも、という認識を持っておく。

第3章

危険な優生思想に蝕まれないために

「脳」が脚光を浴びる時代

佐藤　コロナ禍が長期化する中で、いろいろな意味で心の安定を保つのが難しくなる状況が生まれています。まさにその状況と最前線で対峙しているのが斎藤さんたち精神科医なのですが、私は、最近の特に若い精神科医は、そもそも「心」という概念をあまり重視しない傾向があるのではないか、という印象を持っているのです。

斎藤　それはおっしゃる通りで、若い人ほどアメリカ的なＤＳＭ（精神疾患の診断・統計マニュアル）教育を受けてきていますから、基本的に心も薬物で操作できる、という考え方が中心に置かれるわけです。心そのもの、またはスピリチュアルな次元などを考慮する必要は一切ない、という議論がマジョリティになりつつあるのは確かで、佐藤さんが今指摘されたのと同じ実感が、私にもあります。

佐藤　最近、「うつは心の風邪」といった言い方をとんと耳にすることがなくなったのは、象徴的な事例だと思うのです。心という言葉自体が、どんどん自分たちから遠ざかっていく。まあそうすると、逆に我々神学をやっている人間の商売領域が広がるのかもしれませんけど。

斎藤　心が遠ざかろうとするから、逆にそれを追い求めようとするニーズも高まるのですね。

佐藤　そういうことです。ところで、今おっしゃった「薬物で心を操作する」というのは、要するに脳に働きかけてメンタルをコントロールするという意味ですね。ただ、「脳と心」をどのように捉えるのかというのは、非常に重要でありながら、なかなか答えの出ないテーマでもあるように思います。

斎藤　にもかかわらず、無理やり答えを導こうという風潮が強まり、もっと言えば「脳の不思議はほぼ解明されました」かのような言説が堂々と流布されているというのが、私の現状認識なんですよ。精神医療の分野では、「心」が後退すると同時に、それが「脳」に置き換えられていく、という現象が起きています。

佐藤　なるほど。

斎藤　ふり返ってみれば、一九九〇年代には心理学が席巻していて、ベストセラーも数多く生まれたわけです。ところが、二〇〇〇年代に入って、精神分析をはじめとする心理学に対する信頼感がどんどん低下して、社会的なブームは凋落《ちょうらく》傾向となりました。そして、入れ替わるように起こったのが、「脳科学」ブームでした。とても分かりやすく人間の脳について語る人がテレビなどに登場するようになり、一気に人気を博しましたよね。もはや心について説明してもあまり相手にされないけれど、「脳がこうなっています」という説明は、大勢の人々の心に響くのだと思います。

佐藤　心という摑みどころのない概念に比べて、脳の話は確かに「説得力」があるように感じられ、ある意味「そうなんだ」と安心できるところがあるかもしれません。

斎藤　ただ、私に言わせれば、かつて心理学で語られていたことを、単に脳の話に置き換えているような話も、実は少なくないのです。

佐藤　ひいき目に見ても、精神医療の領域に画期的な学問が登場したというのは、ちょっと買いかぶり過ぎだ、と。

斎藤　もちろん、脳科学という学問自体がインチキだ、などと言うのではありません。

「心と脳の関係」を突き詰めていくことには、大きな意義があります。ただし現状では、まだほとんど答えは出ていないんですよ。

佐藤 それにもかかわらず、「全部お見通しだ」のように語るとしたら、問題ですね。

斎藤 社会に対して大きな誤解を植えつけかねないという意味で、有害でさえあると思うのです。

加えて言えば、どんな分野でもそうですが、脳科学者もピンキリなのです。真面目に解明に努めようとしている人もいれば、だいぶいい加減なことを言っている研究者もいる。しかし、世の中には「それは脳のせいです」と言い切ってくれることを望む人が多いのか、実験もせず論文も書かない自称「脳科学者」であっても、無批判に受け入れられる傾向があると思います。こんなことを言うと、怒る人もいるかもしれませんけど。

佐藤 神学の立場から言うと、「有限は無限を包摂《ほうせつ》することができない」というカルヴァン派の格言があります。「これを知れば人間の全てが分かります」というような「学問」があるとするなら、私などは、逆にその入り口のところで関心が持てないのですが。

斎藤 佐藤さんのような方は、むしろ例外と言っていいでしょう。人文系の名の通った

方が、玉石混交《ぎょくせきこんこう》の脳科学者の主張を無批判に受け入れていて、びっくりすることが、たまにあります。（笑）

ちょっと「シンギュラリティ論争」に似ている

佐藤　脳科学について言うと、その分野を専門に研究しているというより、むしろ周辺にいていろんな説を展開したりする人の影響力が強いような感じもします。「脳科学者」という肩書の人の出自をよくよく見ると、理学部だったり文理学部だったり、あるいは哲学系だったり。

斎藤　「自称」しやすいですから。

佐藤　そういう現象は、将来、ＡＩの能力が人知を超える技術的特異点が到来し、人類がそれに従属を強いられるという「シンギュラリティ」の議論に似たところがあると思いませんか？　ＡＩのベースにあるコンピューターは数学の世界ですけど、数学者でシンギュラリティがやって来ると主張する人に、少なくとも私は会ったことがありません。

斎藤 そうでしょう。私も知りません。

佐藤 そういうことを言っているのは、専門外の方に多い気がします。

斎藤 そうですね。人文系などに多いように感じます。例えば『サピエンス全史』の著者の歴史学者、ユヴァル・ノア・ハラリのような人まで信じていたりするので、ちょっと驚くのです。

佐藤 ただ、ハラリの場合には、ユダヤ教的な発想を持つイスラエル人であるという点に、注意が必要だと思うんですよ。彼が『ホモ・デウス』でシンギュラリティ後の世界を描いたのは、単に未来を予測するためではなく、「こうなってはいけない」という警鐘を鳴らすため。つまり、あそこで展開されているのは、逆説の言説だというのが、私の理解です。

斎藤 そうかもしれないのですけど、台湾のオードリー・タンとの対談などを読むと、シンギュラリティ自体は、わりと素朴に信じている感じがして、あのハラリまでもが、と私などは思ってしまうのです。ですから、学問の周辺にいる人が「シンギュラリティ幻想」を持ちやすいということは、言えるのではないでしょうか。今の脳科学の状況と似たところがあるというのも、ご指摘の通りだと思います。

佐藤　今回の対談のテーマである「コロナ社会」にも関連するので、あえてまた脱線しますが、二〇二一年の春、週刊誌の企画で『ＡＩvs.教科書が読めない子どもたち』の著者の新井紀子さんと対談しました。ＡＩ搭載の「東ロボくん」で、東大入試にチャレンジした数学者です。

斎藤　その著作は、シンギュラリティに対する「畏《おそ》れ」と同時に、「ＡＩなら何でもできる」という万能論も跋扈《ばっこ》した〝ＡＩバブル〟に思い切り冷や水を浴びせ、鎮静化させるのに一役買いましたね。

佐藤　その通りです。いまやＡＩを語る上で欠かせない「古典」になりました。

新井さんは、一貫して、あくまでも計算機に過ぎないコンピューターの演算速度がどれほど向上しようが、アルゴリズムの改善が図られようが、人間の知能は超えられない。すなわち、シンギュラリティなど来ない、と主張してきました。ただし、注意しなくてはならないのは、それは「ＡＩが人間の仕事を奪う」という近未来の否定と同義ではない、ということです。

斎藤 ＡＩやロボットに代替される職業が数多くあるのは、想像に難くありません。

佐藤 しかし、ＡＩにも弱点、人間の能力に取って替われない部分があります。新井さんは、それは「読解力」だと指摘します。ということは、単純に考えれば、読解力を鍛えたらＡＩと勝負できる。ＡＩを使いこなす側に立てるかもしれないわけです。

ところが、悲しいかなその肝心の読解力の低下が特に若い世代で著しいこともまた、彼女の調査・研究で明らかになってしまいました。

斎藤 文字通り「教科書が読めない子どもたち」がゴマンといる。

佐藤 その原因が、ＳＮＳのショートメッセージ的なやり取りが日常化し、読解力を必要とするような文章に触れる機会が激減していることにあるのは、論を待ちません。ともあれ、そうした読解力の低下によって引き起こされる問題を、新井さんは「新文書主義」という言葉で説明しています。

簡単に説明すると、仕事の上で、対面でのコミュニケーションよりもメールやマニュアルをはじめとする文書によるやり取りの比率が、どんどん高くなっているという現実があります。コロナ禍によるリモートワークは、それに拍車をかけることになりました。

斎藤　確かに、用事があるたびに、相手をZｏｏｍで呼び出したりはしませんから。

佐藤　SNSのやり取りと違って、仕事上の文書ですから、当然高度な内容のものが多くなります。しっかり読み解くことができないと、ミスをして会社に大きな損害を与えかねません。

リモートワークで自宅に一人の場合は、隣に座る先輩社員に「これ、どうしたらいいんですか?」と聞くこともできません。AIも関与するDX（デジタルトランスフォーメーション）の推進により「不要な」人員は削られて、出社しても部署には自分だけという時代が、遠からず来るでしょう。要するに、「あなたはこの文書を理解できますよね」というのが前提で、仕事が回るようになるわけです。

斎藤　それができないと、やはり「不要」ということになってしまうでしょうね。

佐藤　「これでやってください」と渡されたマニュアルが読みこなせないと、みんなうつになってしまうのではないか、というのが新井さんの見立てでした。

斎藤　そういう状況になったら、高い確率でうつになっておかしくないと思います。

佐藤　一方で、非常に高度な内容の文章を、速いスピードでやり取りできる人たちがいて、そういう層がどんどんビジネスを決めていく。そうやって、社内でも社会全体でも、格差というか階級分化が進んでいく可能性が、十分あると思うのです。

斎藤 そうですね。それが「健全な」世の中かどうかは、また別の視点で議論する必要があると思いますが。

脳科学で安心を得ようとする危うさ

佐藤 脳科学に話を戻すと、この学問が一般の日本人にこれほど急速に受け入れられ、ある意味信奉されている、言い方を変えるとこれほど需要があるのには、分かりやすさ、面白さの他にも、何か理由があるのでしょうか?

斎藤 私は、脳が様々な問題を外在化する装置になっていることも大きいのではないかと思っています。

佐藤 「外在化」とは?

斎藤 自らにとって不都合な事象を認識した時に、それを心で受け止めようとすると、自分の内なる問題、自己責任になってしまうこともあるでしょう。しかし、脳のせいにすれば、それはまあ生まれつきなのだから自分の問題ではないんだ、ということにできる。そういう不思議な思考回路ができている感じがするのです。

佐藤　自分がこんな人間なのは、自分をコントロールする脳内分泌物のせいだ。もっと言えば、そういう脳のつくりを遺伝させた親のせいだ。だから自分に責任はない、恨むべきなのは親なのだ――。

斎藤　そういうことです。

佐藤　それで、とりあえず心の平静は保てるかもしれません。他方、そのように問題を自分の外に置くことで、解決を遅らせたり、さらにこじらせたりする可能性もあるように感じます。

斎藤　加えて、そうした考え方は、気分が落ち込んだりするのも脳の問題なのだから、サプリメント的に向精神薬を使って調整しましょう、といった脳の「操作主義」とも親和性が高いことも押さえておく必要があります。

佐藤　上手に薬を投入してやれば、脳内分泌物がファインチューニングされて、心も平常に戻るだろう、と。

斎藤 でも、それは精神薬に確かな効果があるという前提があって成り立つわけで、私は大いに疑問を抱いているのです。少なくとも、そのエビデンスについてのもっと踏み込んだ検証が必要だと思うのですが、そこがスルーされて、操作のノウハウだけがどんどん精緻《せいち》になっていく。

佐藤 昔のラジオのように、微調整しながら聞こえるようにしましょう、というわけにはいきそうにない。脳は、そんなに簡単にはできていないということですね。

斎藤 さきほども言いましたが、まだまだブラックボックスのまま、というのが正確だと思います。

今脳科学の名の下に語られていることを丸ごと信じている人には悪いのですが、いまだに人間の社会的・文化的行動を脳との関連で直接説明できた試しはないのです。せいぜいマウスなどを使った実験結果を、人間にもあてはめて類推している段階なんですよ。結構知られている言説で一つ例を挙げれば、オキシトシンというホルモンが脳内で分泌されると、人の社交性を高めるというお話。

佐藤　「幸せホルモン」ですね。

斎藤　そうです。恋人やペットと触れ合うと分泌され、不安や恐怖が減少したり、他者への信頼感が増したり、いいことずくめの「効果」があるというのを聞いたことがあると思います。でも、オキシトシンに動物の愛着行動を促進するエビデンスはあっても、人間については、はっきりした根拠はありません。

佐藤　オキシトシンは「幸せホルモンだ」という本を読んだ人は、「えっ？」と思うのではないでしょうか。

斎藤　斎藤環という精神科医が、ウケたいがために嘘をついている、と（笑）。しかし、それが事実なのです。にもかかわらず、専門家が既知のことであるかのように説明すると、みんながそれを信じ込んでしまう。

オキシトシンが、実際に人間にとっての「幸せホルモン」である可能性はあるのです。でも、現状では、残念ながら可能性でしかありません。

佐藤　「こういう可能性がある」「期待がある」という状態と、明確なエビデンスが得られたという事実とは、はっきり分けて考える必要がある。これは、サイエンスのイロハです。

斎藤　そこを飛び越えて、「すごい成果だ」「脳の研究は、もうここまで進んだのか」というふうに、幻想が際限なく拡散するという状況は、やはり問題だと思うのです。

佐藤　かつて、捏造が露見して放映中止になった「健康番組」がありましたが、エビデンスが不確かな情報を流布して恥じないメディア状況は、あまり変わらないような気がします。

斎藤　それも大変困ったことです。テレビをはじめとするメディアこそ、幻想を広げる道具になっていますから。

ともあれ、脳に関しては、その謎に取りついて、周囲にどんどん仮説を集積させているというのが現状なのです。

佐藤　仮説を積み重ねていくという作業自体は、意味のあることです。ただし、例えばそこに反証主義的な手続きを導入して検討を加えていくといったことが、不断に行われる必要がある。仮説が公理のようになるとしたら、大きな間違いを犯すことになりかねません。

斎藤　そういう冷静な視点をぜひ持っていただきたいというのが、私の切なる願いです。

揺れ動いた「神と心」のテーゼ

佐藤　さきほども神学に触れましたけど、神学において心を重視するというのは、実はわりと新しい傾向なんですよ。キリスト教神学には二〇〇〇年の歴史がありますが、心というものがきちんと認識されて、意味を持つようになったのは、ここ二〇〇年ぐらいのことなのです。

斎藤　そうなんですか。「神学と心」と言えばずっと切っても切れない関係のように思い込んでいたのですが、意外に最近なのですね。

佐藤　そこには、コペルニクスやガリレオがもたらした宇宙論の転換が影響しています。それまで、神は形而上学的な「上」、天上にいると考えられていました。ところが、天文学や自然科学の知見が世の中に広まり、加えてマゼランが世界一周をしたとなると、そうは言っていられなくなった。日本から見て上は、ブラジルにいれば、地球を突き抜けて下ですから、「上にいる神」という概念が、普遍性を失ったのです。こうなると、神学者は商売あがったり。

斎藤　「神は天上にいらっしゃいます」というセールストークが、通じなくなってしまった。（笑）

佐藤　そこで、十八世紀の終わりから十九世紀の初めに活躍し、「十九世紀プロテスタント神学の父」と称されたシュライエルマッハーというプロテスタントの神学者が、神の居場所を移動させました。「神は心の中にいるのだ」と。こうすれば、神は確実にそこにいるのだけれど、物理的な座標軸で表すことはできません。宇宙論と矛盾しない形で安置することに成功しました。

斎藤　十九世紀後半のフロイトの無意識の発見も、意識に対する無意識の優位を説いた点でコペルニクス的転回と言われていますが、そういう転回が並行して起きていたのですね。それならば、天が動いていようが地球が自転していようが、神様は安泰です。

佐藤　そうです。自然科学も天文学も、どうぞご自由にあなた方のフィールドをお広げください。私たちは別の地平で生きていきますから、という形でいったんは落ち着くことができたのです。

ところが、安住の地だったはずの神の居場所を脅かす大事件が起こりました。一九一四年に勃発した第一次世界大戦です。人間の心の中に神が宿っているのならば、どうしてあのような大量破壊、大量殺戮《さつりく》が起きるのか、ということで、この学説も論拠が怪しくなってしまった。

斎藤　今度は、どう折り合いをつけたのですか？

佐藤　現代キリスト教に最も大きな影響を与えたスイスの神学者、カール・バルトが、再び「神は上にいる」と定義しました。でも、この上はかつての形而上学的な上とは違い、ひとことで言えば「外部」です。ただし、神学が心から離れたわけではもちろんなくて、依然として重要な位置を占めているのは確かなのです。

斎藤　今のお話はすごく面白いですね。私のもともとの出発点である精神分析という学問のベースには、宗教が色濃くあるのです。例えば精神分析には、カウチ（寝椅子）にクライアントが寝そべって、分析家が一対一で話を傾聴するという個人精神療法のセッティングがあります。これは、はっきりとカトリックの懺悔《ざんげ》室、告解室のモデルを転用したと言われているんですよ。だから、個人精神療法の歴史は、五〇〇年さかのぼれるという説もありますが、そのスタイルをフロイトが転用して形にしました。

要するに、「罪を告白して許しを請う」というカトリックのスタイルを、「トラウマを吐露して癒しを得る」という方向に展開した。フロイトは「神なき時代」に登場し、無意識という別の神を想定して、罪の代わりにトラウマを置いたというわけです。

佐藤 なるほど。

斎藤 付け加えれば、第一次大戦は、フロイトに「死の欲動」の概念を植えつけたり、あるいは「反復強迫」の概念を導入させたり、精神分析にとっても非常にエポックメイキングな契機になりました。さきほども触れましたが、お話をうかがっていて、あらためて宗教と精神分析の並行関係に気づかされたように思います。

薬物で思想は変えられない

佐藤 「心の概念が衰退しているのではないか」と最初に言いましたが、お話ししたようなバックボーンもある神学の立場からすると、そういう現状は「ソビエト型唯物論」への回帰現象のように見えて仕方ないんですよ。脳科学がこれほどもてはやされるのは、その象徴にも思えるのです。

ソ連時代には、脳の作用によって心という幻影が生じているに過ぎない、という考え方が大手を振って主張されました。だから、おかしな思想を持つのは脳内分泌のせいで、薬を飲ませれば変えられる、という話にさえなったのです。

斎藤　そういえば、アメリカの心理学者ワトソンやスキナーらの提唱した行動主義は心の働きや自由意志を否定していましたが、その元祖は旧ソ連のイワン・パブロフですしね。ちなみにソ連時代の精神医学は政治利用されていて、反体制知識人に「怠慢分裂病」といった病名を付けて強制入院させたりもしたんですね。結局、そうしたソ連の精神医学の乱用は、「薬物で思想は変えられない」ということを証明したわけで、その意味では大きな「功績」があったのですが。

ちなみに今のソ連の話は、「精神医学三大スキャンダル」の一つと言われています。後の二つは、ナチスドイツが精神障害者などに対して行った安楽死政策「T４（テーフィア）作戦」と、現在進行形の日本の「収容主義」。要するに、日本の精神医療の隔離政策です。他国が地域ケアなどに舵を切る中、約三四万床という日本のベッド数は、世界の五分の一を占めるに至っています。

佐藤　日本に関して言うと、一九四五年の敗戦以降、マルクス主義が「解禁」されたわけですね。その結果、精神医学の分野でもソビエト型唯物論が影響を広げて、一九六〇年代ぐらいまでは、学界の中で結構幅を利かせていたのではないかと思います。その後、表舞台からは姿を消したのですが、潜在してあったものが、近年になって脳科学ブームのような別の形で立ち現れてきたと言ったら、うがちすぎでしょうか。

斎藤　ソ連の話題になったので、ちょっと古い話を披露すると、私は学生の頃、アレクサンドル・ルリヤという人の神経心理学の教科書をたくさん読んでいたのです。ルリヤはソビエトの精神科医なのですが、もともと精神分析が専門でした。ところが、この人が途中からなぜか脳に接近して、いわゆる神経心理学という分野で大活躍することになります。要するに、脳のどの分野が侵されると行動パターンにどういう異常が現れるか、というような対応関係を究明する、それ自体は非常に興味深い学問だったのですが。

ソ連というのは、そういうちょっと特殊性の強い分野で、非常に突出した業績を残す人が多く輩出しました。発達心理学のレフ・ヴィゴツキーとか、我々が大学の学部時代に習った著名人が結構います。ただし、学問の大系を完成した人というのは、あまり知られていないのです。

佐藤　大系という意味では、スターリンが『弁証法的唯物論と史的唯物論』という論文を書いて、「人間はこういうふうになっているのだ」というのを、ソ連共産党のドクトリンに位置づけました。スターリン亡き後も政治経済学教科書や哲学教科書などの国定の教科書を通じてそのドクトリンはしっかり継承されましたから、なかなかそこから動けなかったのだと思います。だから、学術研究はニッチな部分でしかできなかったという要素は、あるのではないでしょうか。

斎藤　心の問題が政治的な問題と不可分に結びついているということで、おそらく、あまりトラウマとか、死の欲動だとか、そういう話が展開していきにくい土壌だったのでしょうね。

佐藤　そういうことだと思います。補足すると、ロシア語で「精神」のことを「ドゥーフ」と言います。英語だと「スピリット」に当たります。類義語に「ドゥシャー」という言葉があって、これは「ソウル」のことです。ところが、初めの「ドゥーフ」のほうには、精神と同時に「宗教」という意味もあるんですよ。だから、「ドゥホーナアカデミア」というと、「神学大学」のことを言うのです。

斎藤 精神イコール宗教というのは、面白いですね。

佐藤 ですから、精神を扱うということになると、どんどん宗教に近づいてくる。ソ連時代には、宗教というのは「虚偽の意識」だという、これもドクトリンみたいなものがありましたから、なかなか扱いが難しいということもあったかもしれません。

まあそうかと思うと、ロシア人初のノーベル賞受賞者で、「パブロフの犬」で有名なイワン・パブロフはソ連の大英雄で、レーニンとも親交があったわけですが、彼自身は若い頃に司祭を志したほどのキリスト教信者だったりするのです。ロシアという国を理解するには、いろんな意味で特殊な文脈を読み解く必要があるように感じるのです。

依存症患者を孤立させるな！

斎藤　精神科医として、脳に関する誤解でもう一つ強調しておきたいことがあって、それは依存症との関連です。依存症も安易に「脳の問題」とされがちなのですが、それも違うのです。

佐藤　今の指摘も、多くの人が意外だと感じるのではないでしょうか。

斎藤　そもそも薬物依存とはどういうものなのか。それを考える上で、非常に参考になるのが、最近邦訳が出た『麻薬と人間　１００年の物語』（ヨハン・ハリ著、福井昌子訳）という本です。「麻薬戦争」と言われたアメリカの麻薬撲滅運動が、かえって依存症患者を増やし、裏社会も潤した、という事実を綿密な取材や史料の読み込みによって暴いた著作なんですよ。

麻薬戦争の始まりは、麻薬を禁止した一九一四年の「ハリソン法」という法律の制定でした。その後、連邦麻薬局長、ハリー・Ｊ・アンスリンガーという人が、薬物の使用者は黒人ばかりで、共産主義者は麻薬によってこの国を滅ぼそうとしている、とキャンペーンを張り、徹底的な取り締まりを行うと「宣戦布告」したわけです。

ところが、「戦争」が始まってみると、取り締まる側にとっては想定外のことが起こりました。手に入りにくくなった麻薬の価格が暴騰し、同時に隠れて運びやすいように濃度を上げる技術が発達。気づけば、麻薬はギャングの主な収入源となり、組織は拡大します。さらに、密売人は豊富な資金で警察を買収し、一般市民に危害が加えられても、加害者にお咎めなし、という状況になっていきました。何のことはない、麻薬の厳罰化は、裏社会の拡大に一役買ったのです。

長くなりましたが、その本の中に、薬物を使用して依存症になるのは全体の一〇%だった、という指摘が出てきます。

佐藤　一度薬物をやったら、脳が「快感」を覚えてしまい、決してやめられなくなるというのが、一般的な理解だと思います。

斎藤　事実はそうではなく、九〇%は依存症にはなっていないのです。一方、依存症になった一〇%の人たちを調べてみると、共通点のあることが分かりました。幼少期に虐待にあっていたり、ベトナム戦争の従軍経験があったり、過度な孤独に苛まれていたり、要するにみんな心に重大な問題を抱えていたのです。その痛みを和らげるために、麻薬の自己処方が習慣化してしまった。

佐藤　主たる問題は脳ではなくて、心のほうにあったというわけですね。

斎藤　そういうことです。論より証拠、治療には「心のケア」が有効でした。他人とのつながりができると、麻薬と手を切る人が確実に増えたのです。そういう具体的な事例もこの本には数多く紹介されていて、非常に説得力があります。

佐藤　斎藤さんご自身も、常々依存症の問題は規制強化では解決しない、と発言されています。

斎藤　前にも言いましたが、大事なのは患者を孤立させないことです。そうすれば、依存症はこじれません。片端から犯罪者にして、社会から孤立させるような対処法は、逆効果なのです。

今政府が、「大麻使用罪」を作ろうと、しゃかりきになっていますよね。

佐藤　現行の「大麻取締法」は、大麻の所持や譲渡を禁じていますが、使用については直接罰する規定がありません。この状況を改めて、使用にも刑事罰を科そうというのが目的です。

斎藤　皮肉を込めて言えば、私は日本の依存症患者を増やしたいのだったらそうすればいいと思います。

佐藤　規制を強めると、依存症の人がどんどん地下に潜って、結果的に患者を孤立させることにつながりますね。

斎藤　厳罰化されると、軽い気持ちで一回大麻をやっただけで、「犯罪者」として社会から排除されるような傾向が、今以上に強まります。仕事に就けないし、きちんとした医療も受けにくくなる、支援のネットワークからもこぼれ落ちてしまう。社会的に孤立し、助けも求められないとなると、そういった苦痛を紛らわすためにますます依存症にはまり込んでいく、という悪循環が起こるのです。

あえて言えば、この手の悪循環は、麻薬に限らずいろいろな領域で起こります。ひきこもりでも、ひきこもることに対するスティグマ（偏見）が強ければ強いほど、当事者はセルフスティグマ、つまり自己批判をするわけです。それによって、ますますひきこもり状態から抜け出せなくなってしまう。

佐藤　大麻についての世界の趨勢《すうせい》は、「規制緩和」ですよね。

斎藤　そうです。懲罰ではなく、人権に基づく公衆衛生的なアプローチに舵を切る、という方向が明確です。刑罰を受けるたびに再犯リスクが高まるのだから、これは当然の選択でもあるのです。でも、日本は、ひたすら規制強化による撲滅を旨とした「ダメ。ゼッタイ。」政策を貫こうとしているんですね。

佐藤　あえて感想を言わせてもらえば、なぜそんなふうに「間違う」のかが、今ひとつ私には分からないのです。例えば、新型コロナに対する政策にしても、専門家の間でもいろんな意見があります。政策の遂行者は、その中から最適だと思われるものを選択し、実行していくわけですが、斎藤さんの言葉を借りれば、なぜわざわざ依存症患者を増やすような方策を選ぼうとするのでしょうか？

斎藤　さきほどのアンスリンガーさんが、あまりにも「偉大」だったために、いまだにその影響から逃れること能《あた》わず、強硬なゼロ・トレランス（不寛容）政策が継続されている、としか言いようがありません。

佐藤　なるほど。ロシアのマルクス主義思想家プレハーノフの「歴史における個人の役割」の世界ですね。彼は、歴史における個人の役割を過大評価したナロードニキ（人民主義）の歴史観・哲学観を批判しました。でも、やはり歴史的にインパクトの大きなことを実行した個人の影響力というものは、往々にして後世まで残ってしまう。

斎藤　そもそも、現行の大麻取締法ができた経緯が、もろに「アメリカ追従」でした。立法は戦後のことなのですが、当時日本では大麻に関する弊害は確認されていなかったのです。

佐藤　主体性を放棄していますね。

斎藤　では、そこまで影響を受けた本家本元のアメリカが今どうなっているのかというと、やはり大麻に関する規制は緩和される方向にあるし、一部の州では嗜好品としての大麻が認められ、合法化さえされています。なのに、日本はなぜか今度は「自立」してしまい、今やアメリカの動きに反してまで、厳罰化の方向に走ろうとしている。

佐藤　ゼロ・トレランス政策を丸ごと輸入したのち、そのまま〝ガラパゴス化〟しているわけですね。

斎藤　漫画や小説のジャンルにＢＬ（ボーイズラブ）ってありますよね。あれは、女子が妄想する男性同士の恋愛関係なのですから、性犯罪と全く結びつきようがありません。ところが、現実には、有害なわいせつ物として取り締まりの対象になってしまうわけです。そこにホモセクシュアルなセックスをどれだけ描いたとしても、それによって犯罪に走るというエビデンスがないどころか、物理的にあり得ないにもかかわらず（笑）。そういうことと似た、「取り締まる側の論理」があるのではないかと感じるのです。

佐藤　冷静に考えれば「漫画的」とも言える風景ですが、それによって依存症が増えるのでは、決して笑って済ませることはできません。

斎藤　要するに、「道義的にけしからんものは取り締まるべき」というような発想が強くて、科学的、医学的にこうです、という話は通じにくい。その政策に凝り固まった麻取（麻薬取締官）の論理は、たかがエビデンスくらいではびくともしない、という現実があります。

佐藤　そういう、まさに「理屈抜き」の世界が今の日本でまかり通っていることは、しっかり認識しておくべきでしょう。

「優生思想」と脳科学は親和性が高い

斎藤　ところで、二〇二一年五月末、与野党が実質的に合意していたと言われたLGBT（性的マイノリティ）の「理解増進」法案が、自民党内保守派の反発で国会提出見送りになるという「事件」が起きました。反対の理由として、「生物学的に自然に備わっている『種の保存』に抗っている」というようなことを言う議員がいました。

佐藤　典型的な「優生思想」ですね。

斎藤　さきほどのナチスの例を引くまでもなく、政治家がそういうことを言い始めたら要注意だと感じるのですが、そうした優生思想的なものと脳科学も、実は結びつきやすいのです。脳科学が利用されやすい、と言ったほうがいいかもしれません。

佐藤　人間は、普遍的な脳というものによって全てが決められているのだから、その運命に従うべきだ、と。確かに、使い方によっては優生思想を下支えするものになる可能性があるように感じます。

斎藤　今の性的マイノリティに関する発言を分かりやすく言えば、「生物学的に男は男らしく、女は女らしくあれ」ということになるでしょう。男性、女性それぞれに、特定の生物学的、心理的な「本質」があり、それは時代が移ろっても変化することのない普遍的、絶対的なものだとする「ジェンダー本質主義」です。

佐藤　人間の多様性を認めないわけですね。「女性は子どもを産むべきである」のように。

斎藤　その本質主義を補完する学説が、「脳には男性脳、女性脳がある」というものなのです。

佐藤　男と女の脳が別物であるならば、それぞれが異なる本質を持つというのも、うなずけるように感じます。

斎藤　そういうふうに、人間というか人生の質が脳科学を根拠に語られるというところにも、優生思想との親和性の高さが想像されるわけです。しかし、残念なことに「脳には男性脳も女性脳もない」というエビデンスが提示されて、この説を根拠としたジェンダー本質論は、すでに破綻しているんですよ。にもかかわらず、時々バックラッシュのように顔を出すのです。

付け加えておくと、脳に関する似たような学説に、「右脳はひらめき、左脳はロジック」という「神話」があります。そもそもロジャー・スペリーの分離脳実験を誤読ないし拡大解釈して生まれた仮説で、「右脳神話」などと呼ばれたりしているんですが、なぜかウケがよくて、否定しても否定してもみんなが使いたがる。

佐藤　やはり、サイエンスで明確に否定された言説が、そうやって影響力を持ち続ける理由には、興味を抱かざるを得ません。（笑）

斎藤　生命の質を定めたい、という抜きがたい欲望から逃れられないのか。いろんな意味で都合のいいセオリーを手に入れると、それをなかなか捨てられないというところがあるのかもしれません。

ともあれ、脳科学が万能だという考えに立つと、「脳の機能は定量的に分析できる」という幻想を生みやすいように思うのです。その道をさらに進めば、「機能の高いほうが、生きる価値が高い」という価値判断に結びつきはしないだろうか、と私は心配するのです。

「野生化」し蔓延する優生思想

佐藤　そういう考え方がいかに危険で、なおかつ「身近」にあるものなのかを理解するために、「そもそも優生思想とはいかなるものなのか」について、整理しておくことにしましょう。それは、教科書的に言えば、優秀、純粋な遺伝子を継承していくためには、人為的な淘汰、すなわちそれにふさわしくない人間の「断種」や「安楽死」が容認されるべきだ、という考え方です。

斎藤　ちょっと理屈を言いますと、そもそも「生についての価値判断は不可能」なんですね。あらゆる価値の基盤が生命である以上、生そのものについてはそもそも理論階梯《かいてい》が違うため、価値判断ができない。だから、なにかの価値を論じたければ「生の平等性」という前提から始めるしかない。つまりあらゆる思想と哲学の大前提が「生の等価性」ということになります。生の価値づけを論ずる議論は、そもそも前提が間違っているわけです。優生思想の起源は二十世紀初頭に初めて「断種法」を制定したアメリカですが、最もシビアに実践したのは、言うまでもなくナチスドイツでした。彼らは、「民族衛生」を掲げて純粋ゲルマン民族を維持するために様々な優生計画を実行したわけです。さきほどの「T4作戦」では、二〇万人以上がその犠牲になりました。

それだけでも十分背筋の凍る思いがするのですが、さらに驚くべきは、ヒトラーが作戦中止命令を出した後も、民間レベルで医師たちが独自の判断で安楽死を続けたのです。つまり、優生思想的な発想は、一部狂信的な指導者の専売特許などではなく、多くの人々にとって、ごく自然のものとして受け入れられていたことになります。それは「差別」が人間の本性に深く根ざしているのと、同じことに思えます。差別も優生思想も、意識的な啓発によって禁止しないと「野生化」するのです。

佐藤　そして、現代日本にもその野生の種はあって、人々が忘れた頃に発芽するのですね。二〇一六年に起きた相模原障害者施設殺傷事件の植松死刑囚の「意思疎通のとれない障害者は安楽死させるべきだ」「重度・重複障害者を養うには莫大なお金と時間が奪われる」などの言説は、非常に分かりやすい優生主義です。プラス新自由主義の思想も色濃く表れています。「経済合理性」に照らすと、彼の発言は「一理ある」ことになりますから。

斎藤　あの事件の際にも、直後にネット上で、犯人に対する共感の声が驚くほど多く寄せられていました。その中には、ごく普通の社会人も数多くいたのではないかと、私は疑っています。

佐藤　その可能性は高いとみなくてはなりません。あえて付言しておけば、ドイツはT4作戦の後、それと同じ文脈で、ユダヤ人の迫害、ホロコーストに突き進んでいきます。過去にそのホロコーストを揶揄したことがあるとして、東京オリンピック開会式の前日に、ショーディレクターの小林賢太郎氏が解任されました。本人が優生思想的なものを積極的に主張していたとは考えにくいのですが、過去の行為自体も、それを知る人々がなんら問題にしてこなかったことにも、私は強い衝撃を受けました。

斎藤　私も、あのタイミングで明るみに出るまで、そんなことが行われていたとは、全く知りませんでした。

佐藤　ある雑誌で池上彰さんと対談したのですが、池上さんは、あの時官邸やオリンピック組織委員会が迅速な対応を取らなかったら、ドイツ人であるＩＯＣのバッハ会長は開会式には出られなかっただろう、と話していました。ジル・バイデンアメリカ大統領夫人も、国内のユダヤ系の人たちの反発を考えれば、やはり出られなかった公算が大きい。イスラエル選手団は、東京五輪をボイコットしていたかもしれません。それくらい重大な事件だったのです。

近年、小・中学校の道徳教科書には杉原千畝《ちうね》の「命のビザ」の話が出てきます。ナチスの圧力もはねのけて、多くのユダヤ人の命を救った話は、いまや大半の日本人が知っているにもかかわらず、その根っこにあるホロコーストに対する認識が、これほど甘いとは。驚きました。

斎藤　「大事に至らずに済んだ」ということで終わらせるのではなく、ちゃんと問題を洗い出して総括しないと、本当に国際的な信用が失われる危険性がありますね。

佐藤　そこは本当に心配です。

最新科学で「復権」を図るエセ学説

斎藤　さきほどのＬＧＢＴに対する「種の保存」云々という発言にもみられるように、優生思想は遺伝学に依拠しているわけですが、その中身は「メンデル時代」の古色蒼然たる代物だということも、指摘しておきましょう。要するに、この遺伝子があったら、この形質が必ず発現するという素朴な考え方がベースになっていて、中には発現しない遺伝子もあるのだ、といった発想がないのです。

エピジェネティクスという最新の遺伝学の研究では、ゲノム（遺伝子配列）があって、環境があって、その相互作用によってある性質が発現する、ということが明らかになってきました。そうなると、「優秀な遺伝子」を残せば、「優秀な個体」が再生産されていくという発想は、その論拠を失います。はっきり言って、「もう古い」のです。

佐藤　去年、私はハーバード大学から出ている『ルイセンコの亡霊　エピジェネティクスとロシア』（ローレン・グラハム）という本をベースに、同志社大学の生命医科学部で「ルイセンコ学説」の講義をやったんですよ。トロフィム・ルイセンコはソ連の生物学者で、「環境因子が生物の形質の変化を引き起こし、その獲得形質が遺伝する」という学説を唱えました。

斎藤　逆にメンデル遺伝学を否定したわけですね。

佐藤　そうです。そして、自らの学説に従えば、農作物の飛躍的な収量アップなどが約束されると主張し、スターリンに認められてソ連科学アカデミー遺伝学研究所所長の座に就くなど、絶大な影響力を誇るに至ります。

しかし、これは、もともと低温処理によって春まき小麦が秋まきに、秋まき小麦が春まきに変わるという、いわゆる「春化処理」からスタートした〝トンデモ学説〟でした。その現象自体は、すでに農民たちにも知られていて、遺伝学を持ち出すような話ではなかったのです。結局、彼が語ったような「奇跡」は起こらず、ソ連の農業に打撃を与えさえしました。ルイセンコ学説は、混乱を招いた非科学的な学説として、学術的には完全に葬り去られたわけです。

斎藤　その「亡霊」というのは？

佐藤　近年になって、おっしゃるようにエピジェネティクスの解明が進みました。すると、ロシアでは一部の研究者が、ルイセンコ学説の「復権」を唱え始めたのです。エピジェネティクスこそ、ルイセンコ学説が正しかったことを示す新たな証拠ではないか、と。この本は、それらの言説を分析したもので、全ては非科学的で、歴史的にもルイセンコの実像を直視しないものが大半だ、と結論づけています。

斎藤　話の流れの中で、ルイセンコという思わぬ名前が出てきたのでびっくりしましたけれど、そういうリサイクルの仕方があるというのは、非常に興味深いですね。

佐藤　ちなみに、『ジュラシック・パーク』で有名なＳＦ作家のマイケル・クライトンは、疑似科学と政治が結びついて起きた不幸の実例として、「優生学」と「ルイセンコ学説」を挙げています。

「弱者男性」が自ら優生思想を振りかざす悲劇

斎藤　優生思想について付言しておけば、私はそこには、ある意味古典的な、優秀な遺伝子の継承を目的とした人工的な淘汰を肯定するという考え方にとどまらず、人間の「生」に対して、「良い生」や「悪い生」があるといった価値判断を下す思想全般が含まれる、と考えているんですよ。「マイルドな優生思想」と言えばいいでしょうか。

佐藤　全く同感です。その視点に立って眺めてみると、なにも植松死刑囚の世界まで行かずとも、身の回りに優生思想が様々な形で顔を出しているのが見えてきます。

私は、「努力は遺伝に勝てない」「『悪い生』に生まれたら、そこから抜け出せない」といった優生主義の発想は、人々が様々なことを諦める理由にもなっているのではないか、と感じるのです。「教育は子どもの成長に関係ない」と言われれば、塾に行かせる経済的余裕のない親は、「そうだよね」と自らを納得させることができるでしょう。経済格差が広がる社会においては、「人生は生まれながらに決まっている」ということの手の議論は、受け入れられやすいのかもしれません。為政者にとって都合がいい、と言うこともできるのですが。

斎藤　経済格差に関連して言うと、最近流行っている言葉に「弱者男性」というのがあります。ひと頃、「キモくて金のないおっさん」の略称として「ＫＫＯ」と称するネットスラングがあったのですが、さすがに差別的だということもあって、今はこう呼ばれます。要するに、職も不安定なまま、気づくと中高年になっていた人たち。見た目もイマイチ、貧困で結婚もできず。従って、幸福度は低い。独居男性は、結婚している人に比べて、一〇年以上早死にするというデータもあります。

佐藤　まさに格差社会の底に沈んでいるような男性たちですね。

斎藤　社会的弱者というとどちらかといえば女性に焦点が当たっていたわけですが、ようやく彼らに対してもそのような認識が進んで、「何とかしてくれ」と声を上げるようにもなったんですね。ただ、彼らは「俺たちにも女をあてがえ」といった発言をついしてしまうので、フェミニズムと食い合わせが悪かったりするのです。

佐藤　週刊誌の『SPA!』の特集になりそうな。(笑)

斎藤　まさに、世代的にはあれを愛読しているような人たちです。で、そんな彼らも、実は優生思想を自ら振りまいている部分があるんですよ。自分が疎外されたと感じた時に、彼らが必ずと言っていいほど口にするのが、「俺なんか生きていてもしようがない」というひと言なのです。なぜなら、金も稼げない、生産性もない、何の役にも立っていないのだから……。しかし、そうやって並べていくロジックの全てが、「役に立たない人間は生きているな」という優生思想に、見事に収斂《しゅうれん》されてしまう。

佐藤　往々にして、そうやって自分に向ける刃は、他人にも向くことになります。

斎藤　まさにその通りで、彼らは他人の生も批判します。ですから、かなりの部分が、植松死刑囚のロジックを肯定してしまうところがある。医師が難病患者の生命維持装置を止めるような行為に対しても肯定的で、「だから俺たちにも安楽死を認めろ」と主張したりもします。結果的に、優生思想へのかなり強力な支持を表明することになっているわけです。

一方で、男女を問わず自分が「強者」だと認識している人たちはもとより、社会はそうした弱者男性に対して、決して温かくはありません。「弱者男性の安楽死を合法化せよ」というようなどう考えても差別的な言説が、ネット上を飛び交ったりするわけですね。そんなところからも、現代の優生思想が徐々に、しかし確実に蔓延しているのではないかという危惧を禁じ得ないのです。

佐藤　この前、非正規雇用労働者などの支援活動をしている作家の雨宮処凛《かりん》さんと対談したのですが、支援を受ける人たちに共通するのが、お話しのように自己肯定感が極めて低いことだとおっしゃっていました。一方で、理想とするのは、実業家の前澤友作さんや堀江貴文さんだったりするんですね。やっぱり、新自由主義的なものはウェルカム。

なぜ自分を苦しめているものを是認してしまうのか、クエスチョンマークしかないと彼女は言っていました。

斎藤　弱者男性の怨嗟《えんさ》の向かう先は、支配層ではなく、自分のちょっと上の中流ぐらいの層だというのも、よく言われることなんですね。自分たちより弱者に対しては、もっと容赦なかったりする。結果的に、弱者切り捨てに賛成してしまうという、自分の首を絞めるようなことになっているのです。

佐藤　さらにこうした弱者男性たちは、福祉の話になると、「でも財源がないから」などと言うのだそうです。自分自身は弱者なのに、まるで為政者側の立場にいるかのような発言をする。そのことにも驚いていました。

斎藤　それは、本当におかしな話なのです。例えば、私は障害者年金の申請書を書く時に、この人に年金を出したら国の財政が破綻するとかしないとかいうことは、一切考えません。自分の患者さんが楽になってくれれば、それでいいわけです。医療行政のことは、政治家が決めてくれ、と。

佐藤　それは当然のことで、支援を受ける側が財源のことを考慮する必要など、ありません。「苦しいからなんとかしろ」と異議だけ申し立てればいいのです。それを全部受け止めて、どう整理していくのかが代議制民主主義であり、官僚制が存在する意味なのですから。

斎藤 にもかかわらず、貧困層ほど忖度《そんたく》して、厳しい環境に自分を追い込んでいく、というのは、悲しい構図としか言いようがありません。残念ながら、コロナ禍でさらに格差が拡大し、そうした状況に拍車がかかっているのは間違いないでしょう。どこかで、そのおかしな回路を断ち切る必要があります。

佐藤 知らずしらず、人の「生」を切り分ける優生思想がはびこる社会になっていた、などということにならないようにしなくてはいけません。

斎藤 二〇二一年八月、「新型コロナによる医療逼迫《ひっぱく》はない」と言っていた政府が、「重症化のリスクがない場合は自宅療養とする」という方針を打ち出しました。入院できずに亡くなっている人が多数出ていると報じられていますが、「命の選択」が現実のものとなっているわけです。こうした状況だからこそ、今佐藤さんのおっしゃったことを心に銘記すべきだと強く感じます。

生きるヒント③

●人間には心があることを再認識する。
●脳科学を過信しない。
●「ＡＩ時代」を生き抜く鍵は「読解力」にあると心得よ。
●物事の真贋を見分けるためには、常に「その話にエビデンスはあるのか」という発想を持つことが重要。
●人間の生に「いい」も「悪い」もない。多様性に対する正しい理解は、これからの時代を生き抜く自分のためでもある。
●合理主義のいき過ぎで、日本は優生思想が蔓延しやすくなっている。自分の首まで絞めかねない危険な優生思想に加担するな。
●優生思想の危険性をよく知っておく。

●行政に対しては、きちんと権利を主張する。「財源」などの忖度は必要なし。
●生きるための権利は遠慮せずに行使する。

第4章

「同調圧力」と日本人

かつて「忘れられたパンデミック」があった

斎藤 唐突ながら、私は今回の新型コロナ感染拡大が始まったわりと早い時期から、果たしてこの「禍」が後世に亘って記憶されるのだろうか、ということがとても気になって、いろんな発信も行ってきました。

佐藤 それも、かなり斬新な視点ではないでしょうか。

斎藤 いまだみんなが対応に躍起になっている時に気が早いと言われるかもしれませんが、これにはれっきとした前例があるのです。新型コロナに対する危機意識が強まった二〇二〇年の春頃から、アメリカの歴史学者A・W・クロスビーの『史上最悪のインフルエンザ 忘れられたパンデミック』という本が売上を伸ばしました。「忘れられたパンデミック」とは、一九一八〜一九年に世界的に大流行した「スペイン風邪」のことです。

佐藤 確かそれ以外にも、スペイン風邪関連の書籍がよく売れました。

斎藤 そうです。この感染症の犠牲者は、多い推定では全世界で一億人とも言われ、人類史上、最も大量の死をもたらした災厄でした。にもかかわらず、奇妙なことに明確なイメージとして語り継がれることがなく、そのためにすっかり忘れられてしまったのです。期せずして似たような状況になった一〇〇年後、埋もれていた本を多くの人が慌てて手に取ったのも、あらためてそれを「思い出そう」としたからだ、と私は解しています。

佐藤 スペイン風邪そのものを知らない人は、たぶんいないでしょう。でも、当時の歴史家や作家が正面から記録として残す作業をあまりしていないから、実際にどんな状況だったのか、被害や混乱の実像が今ひとつリアルに伝わっていないというわけですね。

斎藤 クロスビーの本は、最終章でその「忘却の奇妙さ」に焦点を当てています。スペイン風邪は、アメリカにも、わずか一年ほどで二十世紀の全ての戦争よりも多くの死者をもたらしました。ところが、サミュエル・エリオット・モリソン、アーサー・シュレージンジャー・ジュニア、リチャード・ホーフスタッターといった当時の歴史家たちは、米国史を記述する際に、このパンデミックをほぼスルーしました。

　パンデミックの当時を直接経験したはずのロスト・ジェネレーション（「失われた世代」）の作家たちもしかり。自らを時代の記録者とみなしたフィッツジェラルドも、カナダの英国空軍で自らの部隊の四分の一が感染したフォークナーも、インフルエンザとの闘いのため看護婦の恋人に捨てられたヘミングウェイも、その作品にはほとんどパンデミックのことを記述していないんですよ。ちなみに「失われた世代」の命名者であるガートルード・スタインも、パンデミック当時、フランスで救急車の運転手として働いていたにもかかわらず、まともな記録を残していません。

佐藤　確かに、見事な「健忘」ぶりです。では、どうしてそんなことになったのでしょう？

斎藤　クロスビーは、その理由を三つ挙げています。

　一つは、第一次世界大戦の末期と重なったこと。これも人類初の総力戦で多くの死者が出たために、相対的に感染症のインパクトが薄れてしまった。

　第二に、病気の経過がドラマチックではなかったことです。例えばがんならば、死に至るまでの苦痛や葛藤などがあるわけですが、この病は死ぬ人はすっと死に、生き残った人には「ただの風邪」程度のインパクトしか残しませんでした。

そして第三に、死者には若く壮健な者が多く、社会的に重要な地位の人間は、それほど多くは犠牲にならなかったために、記憶に残るような悲劇性が弱まった点を指摘します。

佐藤　確かに、それだと文学作品にはしにくいかもしれません。

斎藤　もちろん、肉親などを失った苦悩を文章にした作家も少数ながらいますし、無名の個人は、痛ましい喪失感や苦痛を日記や手紙に残しています。しかし、社会全体として見ると、このパンデミックはやはり明確に記憶されることがありませんでした。

そのことは、第一次大戦との対比で、より明確になります。フロイトがこの戦争の結果、「死の欲動」などの概念を発案した、という話をしました。これは、兵士たちが罹患した戦争神経症を目にしたことが契機になったのですが、そのように同時期の戦争は大きな社会的トラウマを、確実に残したわけです。しかし、スペイン風邪にそれに比肩《ひけん》する痕跡は見当たりません。いわば「社会的に外傷化されなかった悲劇」と言うしかないのです。

日本も例外ではないですよ。当時の日本人口の半数近いおよそ二四〇〇万人が感染し、推計四五万人の死者が出たという説があるほどなのですが、スペイン風邪の「記憶」は、ひどく希薄です。

佐藤 おっしゃるように、日本では戦争ばかりでなく、はるか昔の地震や台風などの災害のありようがリアルに承継されているのに比べると、実に素っ気ないというか。あるいはスペイン風邪流行の少し後に起きた一九二三（大正十二）年の関東大震災のインパクトが大きかったことも影響しているのかもしれません。

斎藤 試みに、手元にあるいくつかの近現代史の年表をめくってみたのですが、スペイン風邪の記載がどこにもないのです。文学作品では、武者小路実篤『愛と死』のお転婆美少女ヒロインがこの病気で亡くなりますし、志賀直哉の『流行感冒』は、一家全員がスペイン風邪にかかる話です。小説ではせいぜいそのくらいで、私が調べた限りでは、他に顕著な例は見当たりませんでした。

新型コロナは記憶されるのか

佐藤 とはいえ、少なくとも東京などに初めての緊急事態宣言が出された二〇二〇年四月以降、日本は今まで体験したことのない事態に、世を挙げて大騒動になっています。にもかかわらず、斎藤さんは、今回の新型コロナもスペイン風邪と同じ運命をたどる可能性があるとお考えなのですね。

斎藤 パンデミックのような事態が忘れ去られる理由が、さきほどのクロスビーの三つの推論で言い尽くされるのならば、その可能性は低いかもしれません。一〇〇年前とは、時代背景も社会状況も違いますから。

佐藤 並行して世界大戦が勃発しているわけでもないですし。

斎藤 しかし、私は「コロナ忘却」の可能性は、かなりあるのではないかと感じているんですよ。懸念と言ってもいいのですが。「そんなバカな」という人には、「では、この感染症のニュースに初めて接した日付を覚えていますか？」と聞いてみたいのです。私は覚えていません。

佐藤 私も記憶にないですね。

斎藤 実は、すでに健忘は始まっているとみなくてはなりません。二〇二一年は東日本大震災からちょうど一〇年目でしたが、「三・一一」という日付は忘れることができないし、その時自分が何をしていたのかという記憶も、鮮明に残っているわけです。しかし、コロナには、すでにそれがない。「その日」に、まさかこんな未来が待っていようとは、露ほども思わなかったですから。

佐藤 おっしゃる通りです。

斎藤 パンデミックが忘れ去られやすいと考えるのは、そういう「日付のなさ」も大きな要因だと思うのです。そうやって我々は、スタート地点も不明瞭なまま異常な環境に否応なく飲み込まれ、それが想定外に長期化するうちに、気づいたら非日常を日常のものとして受け入れている。

佐藤 ゆっくりと確実に、パンデミックに慣らされました。だから、緊急事態宣言も四度目ともなれば、一回目のような緊張感は微塵《みじん》もなくなってしまったんですね。

斎藤　局地的な自然災害などと違い、全員が「当事者」であることが、信じ難い不便や不自由を堪えやすくしている、という心理的な側面も無視できません。人々は、「大変なのは私だけではないよね」と自問自答も重ねながら、不慣れな在宅勤務や外出制限に従ったわけです。

人間の体験には、「ピーク・エンドの法則」というものがあって、一番しんどい時と、最後が記憶として強く刻まれるのです。しかし、そうした二年余りの状況を見る限り、新型コロナは、「ピーク」も「エンド」も曖昧なままフェードアウトしていって、WHO（世界保健機関）が終息宣言をする頃にはみんな忘れている。そんな状況になりかねないのではないか、という気がするのです。

佐藤　なるほど。今の議論で、沖縄出身の母親から聞いた話を思い出しました。沖縄の久米島に、ヤジヤーのガマという場所があります。「ヤジヤー」は地名、「ガマ」は洞窟という意味です。全長八〇〇メートルある久米島最大級の鍾乳洞で、第二次世界大戦中には、避難壕としても使われていました。今は観光ルートにもなっているのですが、中からは結構膨大な人骨が見つかるんですよ。

斎藤　人骨ですか。

佐藤　母親たちはみんな伝承で、それは「古代人の風葬の名残」だと聞かされていたそうです。ところが、一九七〇年代頃になって、それは不自然ではないか、という声が上がった。それで考古学的な調査をしてみたら、やはり古代人の骨ではないらしいことが分かったのです。

斎藤　ほう、実際は何だったのですか？

佐藤　江戸時代末期に、島の人口が半減してしまうような疫痢が発生したんですね。その時に、あまりにも多くの人が死んだので、丁寧に埋葬できるような場所も暇もなくなってしまった。それで、仕方なく死体を洞穴の中に放り込んだのです。つまり、これは「不本意な風葬」でした。

斎藤　新型コロナで亡くなった人を、重機で掘った穴にどんどん埋めていく海外の光景が報じられたりしますけど、それとちょっとかぶりますね。

佐藤　なぜ「間違った」言い伝えが行われたのかというと、信じられないような数の死人が出て、しかも埋葬することができなかったというのが一種の抑圧、トラウマになって、村ぐるみで事実とは別の神話をつくり上げたということなんですね。後世に「古代人の骨」として話を残すことで、罪の意識から逃れようとしたのでしょう。

斎藤　なるほど。

佐藤　それにしても、それは母親の世代からすれば、わずか五〇年ほど前の出来事なのです。そんなに直近の歴史が丸ごと書き換えられて、あっという間に島全体で共有される神話になってしまいました。

斎藤　いや、すごい忘却ですね、それは。神話化によって、力ずくで事実を覆い隠してしまったということですから。

佐藤　疫痢があったという事実自体は、久米島の記録にちゃんと残っているんですよ。合理的に推定すれば、不自然に多い人骨は、その時の「墓」なのかもしれないということに考えが及ぶはずなのに、なぜか後の世代は、頭から神話のほうを信じ込んでいたことになります。

今のは非常に狭い島の中の話ではあるのですが、新型コロナが半世紀後には「ただの風邪とそんなに変わらないものだった」という神話に取って代わられている可能性は、決して否定できないと、私も思います。

斎藤　半世紀どころか、二、三年後には、きれいさっぱり忘れられているかもしれません。（笑）

例えば、愛する人を亡くした苦悩といった個人レベルの外傷についてならば、適切に語ることによって、その外傷性を緩和することが可能です。外傷がすっかり消えてしまうことはないけれど、無害化・瘢痕《はんこん》化することはできるわけです。一方、「社会的外傷」はどうかといえば、逆にしばしば容易に忘却されます。語られることをやめたとき、外傷はなかったことになってしまう。

佐藤　久米島の祖先は、語るのをやめたのではなく、別の話にして外傷を癒しました。

斎藤　そういうことだと思います。パンデミックに関して言えば、何度も言うように、忘却されやすい災厄です。だからこそ適切に外傷化される必要があるし、望ましい社会的変化という瘢痕を残す必要があるというのが、私の考えです。

そう主張する最大の理由は、今回のパンデミックはいずれ終息するものの、ウイルスとの戦いはこれが最後だとは考えられないことにあります。

佐藤 世界的なパンデミックには至らなかったものの、新型コロナの前にも、鳥インフルエンザをはじめとする危険な感染症の散発的な流行がありました。

斎藤 ですから、今我々が持つべき発想は、「ポストコロナ」ではなく「インターコロナ」、「疫後」ではなく「疫間」を生き延びる必要があるのだ、というものだと思うのです。将来また起こるであろうパンデミックに際し、再び「初動ミス」を犯したりしないためにも、「COVID-19の社会的トラウマ」をきちんと残さなくてはなりません。

パンデミックに立ちすくむ宗教

佐藤 今の斎藤さんの考えには、全面的に賛成です。では、その社会的トラウマを残すためには、どうしたらいいのでしょう?

斎藤 まず重要なのは、例えば「終息記念日」のようなはっきりした「日付」を設けることです。そのうえで、毎年世界規模の追悼集会を行えば、風化はかなり防げるはずです。もちろん、日本独自の取り組みでもいいのですが。

佐藤 新型コロナのカイロス化ですね。

斎藤 そうです。神話化は困りますが、宗教による「祭祀化」のようなことも、意味があるのではないでしょうか。

佐藤 おっしゃるように、このパンデミックでは、宗教の存在意義も大いに問われていると思うのです。しかし、残念なことにキリスト教も仏教も新宗教と言われるものも含めて、新型コロナに対して無為無策と言わざるを得ない状況を呈しています。一部の寺院で護摩《ごま》を焚くようなことはやられましたが、護摩は平時にも焚かれていますから、祭祀化にはほど遠い。

斎藤 確かに、目立った活動は、今のところ見当たりませんね。

佐藤 例えば、キリスト教には、教派を超えた結束を促すエキュメニカル運動というムーブメントもあるのですが、事ここに至っても、そうした発想が出てこないですから。宗教もカイロス化を放棄しているわけです。

斎藤 本当に、宗教団体が結束するくらいのことをやってほしいと思うのです。そうでないと、「大変だったけれど、人類は見えない敵に打ち勝った」で終わり、実は「疫間」を生きているという不都合な真実はまたも忘却の彼方、ということになるのではないでしょうか。

佐藤 同感です。宗教に頼れないならば政治の出番なのかもしれませんが、いずれにしてもちゃんと総括して、教訓を残さないといけません。そこは「マスト」です。

斎藤 おっしゃる通りで、そうしたものの上に望みたいのは、「インターコロナ」を意識した社会変革を定着させることです。すでに議論したような格差の是正、社会全体の無理や無駄の撤廃、健康弱者に十分配慮した医療体制の再構築などは、「忘れずに」実行される必要があるでしょう。

付言すれば、記憶を残すことが社会に少なからぬ影響を与えることは、東日本大震災の例をみれば明らかだと思います。賛否はありますが、政権与党の強い意向にもかかわらず、原発の再稼働が想定以上に立ち遅れた原因の一つに、カイロス化された「震災の記憶」があるのは、間違いないでしょう。社会的な記憶の継承は可能だし、そこには確かな「意味」があるのです。

「自助」と「絆」の二重奏

佐藤 それにしても、社会のあり方を変容させたかのように感じられるコロナ禍が、終息後には容易に忘却されてしまうかもしれない、という斎藤さんの指摘には、また一つ目から鱗《うろこ》を剝がされた気がします。

考えてみれば、この二年間で、我々は新型コロナ感染の恐怖を感じるとともに、パンデミックの副反応とも言うべき、いくつもの経験をしたはずです。それらの一つひとつも、決して忘れ去るわけにはいかないでしょう。

斎藤 そう思います。

佐藤 例えば政治と国民の関係でも、多くのことを学ばされることになりました。二〇二〇年に発足した菅政権が掲げた「自助・共助・公助」というスローガンが、非常事態時にどのように具体化されるのかを目の当たりにしたというのは、その最たるものだったのではないでしょうか。共助とか公助とか言いながら、本音は「できるだけ自助で頼む」ということだろう、というツッコミは以前からあったわけですが、どうやらそれはかなり正鵠《せいこく》を射ていたことが明らかになりました。

斎藤　突然、「中等症は自宅療養でお願いします」と国民を突き放したのは、典型でした。東日本大震災の時と同様に、「絆」という言葉も盛んに使い始めましたよね。自民党などの政治家が語る場合、絆というのは「内向きの自衛ネットワーク」のことですから、外に対する援助希求や批判のようなものは、一切封印されてしまいます。要するに、ひどい現状を追認しつつ、そのネットワークで自分の身を守ってくださいということなので、自ら「政治の放棄」を口にしているに等しいと、私は思うのですが。

佐藤　「絆で頑張ろう」というのは、要するに「自助プラス共助でいきましょう」ということですから、「公」は国民にせっせと発破をかけているだけでいい。(笑)

揚げ足を取るようですが、公助という用語も相当おかしいと思うのです。「共」と「公」は限りなく重なりあう概念で、共の一部に「公共性」があるわけでしょう。政治的理念として掲げるのならば、明確に「国助」を謳わないと。あのスローガンでは、公の中に国が含まれているのかどうかさえ、よく分からないことになっているわけです。

斎藤　公平性を期すために一点だけ評価するとすれば、二〇二〇年の暮に、厚生労働省が「生活保護を申請したい方へ」というウェブページを開設して、この制度の利用を促す姿勢を明確にしました。生活保護は、経済的に苦境に陥った際に受けることができる国民の権利、それこそ公助、国助の要の制度ですが、現実には一九五〇年の制度発足の直後から、「適正化」の名の下に利用抑制が行われてきました。

佐藤　意を決して福祉事務所の窓口に行っても、「親族に援助を頼めないのか」といったあれやこれやの理由を付けて、申請を抑制するわけですね。

斎藤　そうです。しかし、開設されたページには、「生活保護を必要とする可能性はどなたにもあるものですので、ためらわずにご相談ください」とはっきり記されているんですよ。これは国の方針転換と言ってもいいもので、私はコロナ禍が生んだ唯一の希望とさえ感じています。これを機に、ご指摘の「水際作戦」などが撤廃され、生活に困窮した人が気軽に利用できる形に改められることを、切に願うばかりです。

その手があったか！「ワクチン狂騒曲」

佐藤　絆社会における「同調圧力」の強さも、あらためて認識されることになりました。こう見えて、私はそうしたものにからきし弱いので（笑）、今年の春の緊急事態宣言の折には、授業のために東京から京都に行くのを控えたんですよ。当時の論壇の雰囲気などからして、長距離移動をすること自体が問題視されかねなかったですから。

斎藤　同調圧力は、世の中に怖いものなしに見える佐藤さんの手足まで、縛ってしまった。

佐藤　かと思うと、私の周りには、ある時期までずっと頑強にマスクの着用を拒否する猛者も、ちらほらとですが、いました。

斎藤　周囲には流されない、という固い意志を持つ人たち。今回のコロナに関しては、ワクチンの接種についても、いろんな意見表明がされましたね。他ならぬ医療関係者の中にも、「反ワクチン」を唱える人が結構います。

佐藤 ワクチンには、なぜか昔から「重篤な副作用がある」という話がつきものですが、今回は、例えば「権力が国民を追跡することが可能になるマイクロチップが含まれている」という類の、陰謀論みたいなものまで堂々と主張されたのが特徴です。驚くべきことに、一定数の人たちがそれらの「説」を実際に信じたのですが。

斎藤 真偽のほどは確かめていませんが、あるクリニックが、院内に「ワクチン接種者は、診療しません」という貼り紙をした、というのが話題になりました。ワクチンを打った人は、体からコロナウイルスが出ているので、診療できません、ということらしい。

佐藤 陰謀論の次は、オカルト話です。（笑）

接種したらウイルス感染して、それが外に出てくるなんてことは、ありえない。でも、診療を拒否して収入減になることを覚悟しているわけですから、そのお医者さんは、そう確信しているのでしょう。

斎藤 今まで病気の予防に使われてきたワクチンは、ウイルスそのものを使いました。その一部のタンパク質を人体に投与することで体内に免疫をつくる、という仕組みだったわけです。その場合でも、不活性化するなどして有害性は除去されていますから、ご指摘の通り、ワクチンを打ったことで感染することはありません。

加えて、今回新型コロナ予防に使われているmRNAワクチンは、そもそもウイルス本体を使っていません。ウイルスの遺伝情報、すなわち設計図の一部を注射することで、人の身体の中でウイルスの一部のタンパク質がつくられ、それに対する抗体などが産生されるのです。まさに画期的、革命的と言っていいテクノロジーで、その開発の経緯も含めて、もっとアピールというか、分かりやすく解説する報道がなされてしかるべきだろうと、私は感じています。

佐藤　mRNAワクチンを作成したドイツ人の科学者は、二〇二〇年の一月に新型コロナのニュースを耳にするや、その世界的大流行を予想し、中国からウイルスの遺伝子情報が発表されると、直ちに開発に着手したと聞きます。そうでなければ、あれほどのスピードで実用化されることはなかったでしょう。

斎藤　そうしたバックボーンなどを一切無視して、非科学的な言説が、しかも医療関係者の口から語られるような状況には、ついにここまで来たか、という感が否めません。

佐藤　幸か不幸かというと語弊がありますが、日本はワクチン接種が遅れたために、その効果と安全性について、先行した国々の「臨床結果」を十分にウオッチすることができました。

斎藤 その通りです。国を挙げて接種に取り組んだイスラエルをはじめ、感染を抑え込む効果は歴然で、ワクチン由来と考えられる重い副反応の発生は、ごく僅か。デルタ株など変異株の出現で、感染者数のぶり返しもみられましたが、それでもワクチンを接種していれば、重症化が抑えられる効果が認められたわけです。

佐藤 だから、変異株に対抗するために三回目を打とう、という話にもなったんですね。

余談ながら、ロシアではワクチン接種は、日本とは違い六十歳以下からスタートしました。理由は明確で、まず生産可能人口を守るということです。

斎藤 日本で高齢者の接種を優先したのは、言うまでもなく感染の死亡リスクが高いからです。ロシアのやり方は、一つの見識だとは思いますけど、いろんな意味で日本では無理ですね。

ともあれ、これだけエビデンスが明確なのに、それでもまだ効果を受け入れられない人がいる。研究対象としては興味ある現象ですけれど、感染拡大を抑える観点からは、大変困ったことです。

佐藤　「理屈抜き」の人に理屈を語っても、空しいですから。例えば、核融合発電は高効率で地球温暖化ガスも出さず、絶対に爆発したりしません。だからと、少しでも肯定的な発言をすると、すぐに「お前は原発推進派なのか」という話になってしまう。非常に面倒臭いので、私はその手の議論をする時には、話す相手を選ぶようにしています。

「同調圧力」の本質は？

斎藤　新型コロナは、日本社会が「世界標準」から見ると、やはりちょっと「変わっている」ことを、あらためてあぶり出しました。

佐藤　最前線で身の危険も顧みずに奮闘する医療従事者が、生活の場で「差別」を受けるような状況も広がりましたね。

斎藤　日本人特有の「ケガレ」の意識が働いた結果でしょう。そこに触れたり近づいたりした人を、自分のテリトリーから排除しようとする心理です。

さきほど佐藤さんが同調圧力と言われましたけど、コロナに感染すると、村八分的な扱いさえ受ける事例も、数多く報告されました。感染者が公衆の面前で謝罪を強いられるという奇習も、外から見たらずいぶん奇妙な現象に映ったのではないでしょうか。

佐藤 それが怖くて、感染した可能性があっても、検査を受けない例が多発しました。

斎藤 まさに、強力な同調圧力の副反応で、それも大きな問題だと思います。

佐藤 まだ発症していない場合に、あえて検査をして陽性だと分かってしまうリスクと、黙っていることのリスク。その両者を天秤にかけて後者を選択するのが「合理的な」判断になってしまうというのは、相当いびつな状況だと言わざるを得ません。

斎藤 病気が恥や罪になって、その結果自己申告しにくくなれば、感染を広げる恐れが大きい。それは、圧をかけようとする集団にとっても、明らかに損失なのですが、個人を同調圧力的な反射で抑圧するという構図の中では、そういう理性が働かなくなってしまうんですね。

佐藤 一回目の緊急事態宣言くらいの頃に、同調圧力を具現化した「自粛警察」が各地に出現しました。日本社会では、非常事態になると何の権限も持たない彼らのような存在が姿を現し、それなりの影響力を行使するのだということも、覚えておいた方がいいかもしれません。ただし、「民間ボランティア」の限界か、コロナ禍が長期化するうちに、とんと姿を見かけなくなってしまいましたが。(笑)

斎藤 一方、お話しのような同調圧力が、ワクチン接種に関して、ちょっと面白い方向に作用したエピソードがありました。日本で接種が本格的にスタートした頃、全国各地の市長さんなんかが、自分たちはまだ対象ではないはずなのに、接種会場で余ったワクチンを抜け駆け的に打ったことが明らかになって、メディアが一斉に叩いたことがありました。

佐藤 ああ、大手薬局チェーンの会長夫妻とかもいましたね。

斎藤 あの一件で、「セレブは先に打てるのか」という疑問、憤りが噴出した。同時に、「だったら、自分も早く打たないと損をする」という空気が生まれたのです。

佐藤 なるほど。危険なもの、メリットのないものだったら、そういう人たちが抜け駆けしてでも打とうとするはずがない、と。

斎藤 そういうことです。実は日本の同調圧力の本質は、「俺は得をしたい」ではなく、

「自分だけ損をするのは嫌だ」「人と違う状況にはなりたくない」なんですね。

佐藤　よく分かります。

斎藤　だから、例えば国ぐるみで何かをしようとする時には、国民に「損したくない」と思わせてしまえば、成功なのです。あの市長の振る舞いは、図らずもそういう効果を生みました。

佐藤　確かに、当時は接種が始まって間もないということで、さきほど話したような副反応に対する懸念の空気が、かなり強かったように思います。それが後景に退いて、「いつ接種できるんだ」という風向きになったのは事実です。

斎藤　〝怪我の功名〟ではありますが、疫学をやる立場からすると、この手があったか、と（笑）。政府の公式の発表とかは、眉に唾をつけて聞くものだということも、みんなが学習しました。それよりも、裏で政治家がこそこそやっているというのを見せてしまったほうが、ワクチン接種のようなイベントに関しては、よほど効果がある。冗談抜きに、そのことがよく分かりました。

佐藤　残念ながら、「図らずも」そうなったというところは、大きな問題なのですが。

「反ワクチン」と親和性が高い「反権力」

斎藤 今回の「コロナ社会」を語る重要なキーワードがワクチンだと感じていますので、しつこく語らせていただくと、公衆衛生の専門家の立場からあらためて言わせてもらえば、歴史上、ワクチンは間違いなく人の命を最も多く救った医療技術の一つなのです。ただし、手術や治療薬のように、その人にとっての効果を実感するのは難しい。

佐藤 接種したから感染しなかった、と証明するのは困難です。

斎藤 そうしたこともあって、そもそも予防医学はほとんど感謝されないのですが（笑）、ワクチンの疫学的な有効性は明白で、事実、新型コロナの感染拡大に対抗する切り札として機能しているわけですね。

佐藤 そういうふうに、社会レベルのベネフィットと個人の感じる効果に乖離があるだけに、その部分は政府もメディアもきちんと説明する義務があるでしょう。

斎藤 麻疹《はしか》の時から伝統的に「反ワクチン運動」があって、反対するのは少数なのにもかかわらず、社会的な影響力が大きいという現実もあります。その頂点が、ＨＰＶ（ヒトパピローマウイルス）ワクチンですね。

佐藤　ＨＰＶワクチンにあんなに抵抗が強いのは、どうしてなのでしょう？

斎藤　『朝日新聞』を中心に、副反応問題をマスコミが大々的にキャンペーンしたのです。それで、厚生労働省がすっかり及び腰になって、それまでの積極推奨をやめた。結果的に、若い女性の接種率は一％になってしまい、恐らく一〇年後には子宮頸がんが多発して、先進国では最も罹患率の高い国になるだろう、と予測されるような状況を生んでしまいました。詳述は避けますが、ワクチンによる子宮頸がん予防効果が歴然としている一方、報道された接種後の運動機能障害などの重篤な症状の発症率は極めて低く、そもそもワクチン接種との因果関係も不明です。

佐藤　新型コロナもそうですが、ワクチンを打つか打たないかというのは、生死にかかわる問題だという認識を持つべきでしょう。

斎藤　ただ、この点は、今回のコロナ禍が若干幸いしたと言えるのですが、そうは言ってもコロナワクチンを打つ人は多数派なので、その流れに乗って、ＨＰＶワクチンの接種率も二〇％程度まで回復したんですよ。

佐藤　ワクチンに対する誤解を解く機会になってほしいですね。

斎藤　他方、これも興味深いことなのですが、日本では、基本的に保守派がワクチン接種を推奨して、反体制派がそれに異を唱えるという構図がずっと続いていますよね。精神科医には後者のスタンスの人が多いので、医者のくせに反ワクチン派が大勢、という集団なのです。

佐藤　アメリカでは、民主党がコロナワクチンの接種を推奨し、共和党・保守系の一部が頑強に拒む、という図式ですね。

斎藤　ややこしいことに、ワクチンは、フーコーの言う「生権力」の行使である、というような捉え方もされます。生権力とは、場合によっては殺してでも従わせる古典的な権力に対して、人間の生に積極的に介入して管理しようとする権力のことです。その象徴のような技術なのだから、そんなものには与したくはない、という方向にも行きやすいわけです。

佐藤　生きることに対してまで、権力に介入されたくはない、ということですね。

斎藤　ともすれば、ファシズム的な受け取り方というか、「体制順応の証」みたいな印象操作が、わりと容易にできてしまうのです。ですから、反ワクチンは反体制と親和性が高くなる。

ただ、そうやって自分が打たない選択をするのはいいけれど、他人にもそれを勧めるというのは、いかがなものかと思うのです。私だって、自分のことを決して体制順応派だとは思わないのだけれど（笑）、サイエンスはそれとは別の話ですから。

佐藤　「疫間」を生きるのならば、そうした点をしっかり総括し、教訓化する必要があります。特に社会的な影響力のある人には、これを機によくよく考えてもらいたいものです。

メディアの愛したコロナ

斎藤　もともと日本には、議論したような同調圧力がはびこる素地があったわけですが、コロナ禍においても、例によってメディア、なかんずくテレビのワイドショーが、人々のそうした行動をこれでもかと煽りました。日本のメディアは、なぜか同調圧力を作り出す側に回りたがるわけです。

佐藤　私はワイドショーの類をほぼ見ないのですが、想像に難くありません。

斎藤　本来ならば、「社会の木鐸《ぼくたく》」として、共同体が生み出した誤った同調圧力の誤解を正し、理性的な啓発を行うことこそが、メディアの使命のはず。

佐藤　もっと言えば、それができるのはメディアだけです。

斎藤　例えば、コロナ禍初期に、ティッシュペーパー、トイレットペーパーのパニック買いが起きました。

佐藤　当時は、中国製のマスクが品薄で、それとの連想で「中国で生産が追いつかなくなっている」という類の話がネットで流れたのが、発端だったと思います。でも、ティッシュもトイレットペーパーもほとんどが国産です。あんなにかさ張るものを船で運んで来ても、コスト的に合いませんから。

斎藤　そういうデマ話に、テレビなどが乗ったわけです。連日、それらを買い求めるために行列する人々や、空になった店舗の棚などを映し出すことで、結果的にパニックの火に油を注ぎました。

ところで、第2章で「コロナロス」「コロナ・アンビバレンス」の話をしましたよね。

佐藤 感染はしたくないけれど、心のどこかでコロナのような社会状況は終わってほしくないと願う人が結構たくさんいる、というお話でした。

斎藤 実はその思いが最も強いのは、他ならぬメディアではないかと、私は強く疑っているんですよ。そのような仮説を立てるに至った発端は、さきほども話したイスラエルでのワクチン接種の有効性に対する報道を目にしたことでした。一回目の接種の時点で、目に見えて感染者が減少し、個人的にも「ついに光が見えた」という感を強くしたのですが、国内メディアの反応は、ものすごく鈍かったのです。非常に懐疑的というか。

佐藤 メディアがコロナに終息してほしくないと考えているとしたら、その理由は何でしょう?

斎藤 報じる側に立ってみましょう。彼らにとって困るのは、見せたり読ませたりするに値するろくなネタが見当たらない状態です。では、今回のコロナ禍はどうか? それこそ、日々ネタの宝庫ではないでしょうか。

佐藤　なるほど。感染者数の増減、医療専門家の発言、繰り返された政治や行政の失態、ワクチン接種の状況……そこに、オリ・パラをめぐる問題なんかも絡んできましたから。

斎藤　視聴者、読者が自分たちの伝えることに一喜一憂してくれる、この上なく幸せな時間なはずです。これだけ報道で人心に影響を与えられた経験は、前代未聞と言ってもいいのではないでしょうか。佐藤さんもそうかもしれませんが、メディア人は大衆の心に影響を与えたい、できれば変えてしまいたい、という抜きがたい欲望を持っているというのが、私の理解です（笑）。降って湧いたようなコロナ禍は、そういう力を行使できる千載一遇のチャンスだった。

佐藤　私自身にそんな大それた野心はないのですが（笑）、今のは、メディアというものの本質を突いた考察だと思います。

斎藤　あえて言っておけば、メディアの人々は、報道の中身やその姿勢を批判され、「マスゴミ」などと呼ばれることも織り込み済み、むしろウェルカムなのではないかと思います。それだけ、自分たちに関心が集まっているということですから。

佐藤　「炎上商法」のようなものですね。

斎藤　ですから、むしろコロナが沈静化して、世の中がまた平穏な状況に戻ってしまうほうが、彼らにとっては恐ろしい。辛辣《しんらつ》な言い方に聞こえるかもしれませんが、そういう内容をツイートしても、メディア側からの反発はほとんどありませんでした。

佐藤　「パンデミック下のメディア状況」についても、事態が落ち着いた後、まとまった検証が必要なことは、言うまでもないと思います。

生きるヒント④

- スペイン風邪は記憶されなかった。パンデミックは適切に記憶する努力が必要。
- 記憶するためには「終息記念日」のような祭祀化が重要。
- 政府が「絆」をうたいあげはじめたら要注意!
- 生活保護は利用抑制から方針転換。追い詰められる前の選択肢として考えよう。
- テレビなどのメディア報道の裏にあるものを考え、流されない訓練を。
- 苦しい体験は、「物語」を作ることで逃げなくてはならない場合もある。
- 新型コロナ対策にワクチンは極めて効果的。
- コロナ禍をめぐるマスコミの「炎上商法」を冷ややかに見ること。

第5章

息苦しい「組織」「学校」から解放されるために……

子どものみならず、先生まで逃げ出す「学校」という空間

佐藤　コロナの下で明らかになった点をあらためて整理しつつ、ここからさらに「処方箋」に軸足を置いた話を進めたいと思うのです。

斎藤　日本の社会に関して私なりに結論じみたことを言えば、コロナ下では、そこに横たわる「逃げられないことの息苦しさ」が、あらためてはっきりしたと感じています。

佐藤　逃げられない……。確かに、同調圧力や権力から提示される「絆」は、それを補完する仕組みということもできるでしょう。

斎藤　そのことを象徴する存在、言い方を変えると日本社会の息苦しさが凝縮された世界として論じておきたいのが、実は学校なのです。「逃げられない」という認識は意外に思われるかもしれませんが、そのことが生む軋みが看過できない状況を生んでいる。社会の将来を担う子どもたちの問題だけに、状況はいっそう深刻だと言わざるを得ませ

ん。

佐藤　新型コロナの直接的な影響としては、休校が相次いだことによる学習の遅れなどの懸念が広がりました。

斎藤　当然、教育現場のパンデミックへの対処が正しかったのかは、他の分野同様にきちんと検証されなくてはなりませんし、遅れをどのようにフォローしていくのかという課題もあります。ただ、私がここで言っておきたいのは、それ以前の問題として、現場ではやや大げさに言えば、学校の存在そのものを脅かすような事態が進行していること、具体的には、不登校が右肩上がりに増え続けているという事実です。

文部科学省の調査では、二〇一九年度に病気や経済的状況以外の理由で年三〇日以上登校していない小・中学生が、前年度比約一万七〇〇〇人も増えて、合計で一八万人超になりました。増加は七年連続ですが、これにコロナが拍車をかけているのは間違いありません。ですから、二〇万人突破は時間の問題でしょう。極論すれば、「学校から逃げたい」と思っている子どもが、それだけいることになります。

佐藤　現状で、地方の中堅都市の人口と同じくらいの数の子どもたちが、学校に通っていない。でも、世間ではそれほど騒がれていないような気がします。

斎藤　少子化にもかかわらず毎年二万人近くも小・中学生の不登校が増えるというのは、本物の異常事態だと私は感じるのですが、メディアの取り上げ方も、正直いまひとつ危機感を欠きます。全てがコロナに呑み込まれてしまっている、ということも言えると思うのですが。

佐藤　そうした不登校の急増は、基本的に子どもや親や個々の先生、学校の責めに帰すべき問題ではないはずです。

斎藤　その通りです。社会に乗っかった教育システム自体に根本的な不具合が生じていることは明らかで、早急にそれを見直す必要があるのです。ところが、不登校児をなんとか「連れ戻そう」という対症療法に終始しているために、改善の糸口が全くつかめないでいるというのが現状だと言わざるを得ません。

佐藤　学校現場では、児童生徒だけでなく、先生もつらさを訴えています。「教育システムの不具合」という指摘をされましたが、斎藤さんは根本的な問題は、どのへんにあるとお考えですか？

斎藤　日本では、学校空間というものが、思春期の子どもたちにとって〝全て〟になっている、という現実がありますよね。そこに学業も、道徳も、部活も、エンターテインメントも、人間関係も、ありとあらゆるものが詰め込まれている。ですから、子どもは学校で何かがあると、場合によっては、その全部を失ってしまうわけです。

佐藤　そこが楽園ならいいのだけれど、いじめなどに遭えば、一瞬にして地獄と化してしまう。

斎藤　そうです。一方で、そういうこの上なく密な空間を一元管理しようとするのですから、先生たちの負担も並大抵のものでなくなるのは、当然の帰結でしょう。

佐藤　社会全体が〝前へ倣え〟的な時には、そういうシステムが最も効率的で、みんながついていけたのかもしれませんが、時代は変わりました。義務教育の現場が変化に取り残されたことは明らかで、そうしたことが「不登校二〇万人」という数字になって表れていると言えそうです。

そのうえ、教職員の苦悩も深い。斎藤さんご指摘のように、あらゆる責任を押し付けられることによって、一部報道によれば、年間五〇〇〇人の教職員が精神疾患で休職しているといいます。子どもたちのみならず、教職員まで逃げ出す「学校」という空間の息苦しさは看過できるものではありません。

斎藤　問題の原因の一つが「密」にあるならば、それを解消することが根本的な解決策ということになります。私は、子どもたちの居場所をもう少しモジュール化して、学業以外の社交空間は学校とは別の場所にする、などの方策を考える必要があると思うのです。

佐藤　例えば部活のような部分は、地域などに分散して担ってもらうわけですね。

斎藤　そういうふうにして、子どもたちが学校以外の複数の場所に、同時に所属できるような方向に持っていくべきではないでしょうか。

佐藤　そうすれば、それぞれで別の人間関係ができるし、どこかで問題が発生しても、全体を失うリスクは軽減できます。

斎藤　ところが、現実には、子どもたちを複数のところに所属させるということには、社会的な抵抗が非常に強い。日本人が抜きがたく持つ「場所の論理」が、改善を妨げているように思います。

佐藤　心理的な岩盤規制みたいなものですね。確かに、義務教育の間は子どもたちをみんな同じ場所に置いておくのが、安心だし平等感もある。裏を返すと、そういうシステムを崩すことには不安が大きくて、なかなか手がつけられないということだと思います。

斎藤　しかし、主人公である子どもたちの間から、「もう耐えられない」というＳＯＳが発信されているわけです。大人の側が、それをしっかり受けとめて何らかの手を打たない限り、不登校の増加は止められないでしょう。

佐藤　斎藤さん自身は、子ども時代にどこか学校とは別の場所を見つけていましたか？

斎藤　そう自分のことを問われてみると、やはりなかったですね。地方育ちで、塾にも行っていませんでしたから、学校以外の居場所は本当になかった。私の場合は、普通はある程度生活の「多様化」が進む大学生の時ですら、学校だけでしたよ。（笑）

佐藤　今になって考えると、私は、逃げ出す場所を見つけるのがうまかったのだと思います。小学校の時は、アマチュア無線クラブ、中学になると、プロテスタント教会と学習塾。高校の時には社青同（日本社会主義青年同盟）に入り、当時の社会党に出入りしました。学校とは別の居場所を絶えず考えて、つくっていたように思います。

斎藤　そういうのは、本当に大事だと思いますね。佐藤さんほどドラスティックな選択である必要はないと思いますけど（笑）、常に複数の居場所を確保しようと意識することは、とても重要です。今の子どもたち自身にそれをしろと言っても、なかなか難しいとは思うのですが。

佐藤　学校のような組織への帰属意識も分かるのですが、「そこしかない」ということになると、やはり息苦しくなってしまいますよね。

斎藤　あえて言っておけば、そういう空間に心地よさを見出す人も数多くいて、例えば日本の若者向けのエンターテインメントの大半は、「学校の物語」です。そういう愛着みたいなものは、なかなか捨てがたいという側面はあるでしょう。

佐藤　戦前のエンタメは、ほとんどが「軍隊の物語」でした（笑）。それと一緒ではないでしょうか。

斎藤　そうですね。集団生活の記憶は、つらいことがあったとしても、マイナスに記憶されるとは限りません。そういう適応力も逆手に取った「伝統温存機能」が働いているのも、確かだと感じます。

佐藤　問題は、そういう適応力を持たない子どもたちをどうするのか、ということですね。

「閉鎖的」で「旧態依然」とした日本型組織

斎藤　ただ、皮肉なことに、と言いますか、新型コロナは、学校教育に大きな負荷をかける一方で、この課題の解を見出しあぐねていた社会に、一つの具体的な改善策を提示しました。「リモート授業」の積極活用です。

佐藤　自治体によっては、休校に対応して、全児童に学習用端末を配布し、教師などとの双方向のやり取りを可能にする環境整備を図りました。

斎藤　そういうものを生かして、様々な理由で学校に来られない、ないしはそうなりつつある子どもたちをオンラインでつなぎ止めるというのは、有力な選択肢になるはずなのです。

佐藤　大学でも、リモート授業で救われた学生が多数いる、というお話がありました。

子どもたちのために多様な居場所を確保するのは時間がかかるかもしれませんが、リモート授業の導入は、比較的短時間で可能でしょう。

斎藤　おっしゃる通りなのです。ところが、そうした検討が真面目に開始されたかと言えば、さにあらず。せっかくインフラ整備を進めたにもかかわらず、学校現場を支配したのは、「休校状態が解除されたら、子どもたちはまた一斉に学校に戻ってくるのが当然」というロジックでした。

佐藤　リモートを、学校に来て対面で行う授業の代替としか捉えていない。

斎藤　残念ながらその通りで、子どもをきちんと通わせて管理するという〝学校のプレッシャー〟は、ある意味コロナ前よりも強化されたのではないか、という印象さえ感じます。

佐藤　いったん家庭に「帰した」けれど、確実に戻ってもらわなければ困る、という発想ですね。

斎藤　「閉鎖的」「旧態依然」という環境は、次の時代を担う子どもたちを育む教育現場だからこそ、いち早く排除されるべきなのに、全然そうなってはいないことも、コロナ禍は再認識させてくれました。子どもたちの全てを学校が管理する、という「昭和の非行対策モデル」を、しっかり引きずっていたわけです。

私は義務教育をどんどんリモートに切り替えよ、などと主張するわけでは、もちろんありません。多くの子どもたちは、学校に通って友達と勉強したい、部活をやりたい、と思っているでしょう。それが普通にできる環境を、早く取り戻さなければいけない。同時に、どんなに学校の側が迎え入れようと思っても、それを拒む不登校が急増している現実も直視する必要があるのです。

佐藤 そこに、リモートを活用する余地がある。

斎藤 ここでも、キーワードは「ハイブリッド」だと思うのです。リモートのインフラを生かして、対面と組み合わせた授業をやってみたらどうでしょうか。

佐藤 それも、多くの大学の授業で実践済みです。

斎藤 その方式ならば、どうしても学校に来られない子どもも、授業に参加できる。そうやってつながっていれば、いつか登校できるようになるかもしれないでしょう。せっかく新たなことにチャレンジしたのだから、これを不登校対策にも使ってみようか、という発想が出てきて当然だと思うのですが。

佐藤　そのあたりは、「コロナ対策」に矮小化せずに、「学校の危機をどうするか」という長期的な視点に立った検討が行われるべきですね。

斎藤　そう思うのです。

佐藤　さきほど斎藤さんは、学校は息苦しさの象徴だとおっしゃいましたが、考えてみれば、企業をはじめとする日本型組織全般に、それは当てはまるように思います。

斎藤　それもご指摘の通りです。社会組織の研究者で東大名誉教授の中根千枝さんが言うように、日本社会は、ある組織の構成員として貢献するメンバーシップ制が基本で、社会人に関して言えば、同じ職種の横のネットワークというものが非常に脆弱なのです。自己紹介する場合にも、「私は何々株式会社の所属です」と言い、「エンジニアの誰々」とは言わない。これも典型的な「場所の論理」になっていて、その場にいることとイコール家族の一員、のようになってしまうんですね。

佐藤　やはり、ギチギチの閉鎖空間です。ですから、特に男性は、リモートワークになったりあるいはリタイアしたりして、その空間から離れることになると、逆にどこにも居場所がなくなってしまう。

斎藤　大人社会のいじめやハラスメントだって、閉塞空間だから起きやすくなるのです。それに企業とか組織の垣根を越えたつながりを持つことが、いろんな意味で可能性を広げるのは、間違いないでしょう。コロナ禍で、毎日会社に行くことが当たり前ではなくなった状況は、「自分の居場所」について問い直してみるいい機会でもあると思います。

同じ時間に起きて、同じ時間に出勤できなくてもいい

佐藤　斎藤さんの専門であるひきこもりも、社会の息苦しさを反映した現象であることは、言うまでもないでしょう。やはりコロナ禍で増えているのでしょうか？

斎藤　そう推測されます。実数としては、内閣統計で一一五万人という推計があるのですが、私はもっと多くて、二〇〇万人は間違いなくいると見ています。

佐藤　ひきこもりについては、著書も読ませていただいて、私なりに行きついた仮説があるのです。ひきこもるのは、一つの「思想」ではないのか、という考えです。

斎藤　ひきこもりという思想ですか。

佐藤　こう言うと、「ただ働かない人間に、そんなものなどあるはずがない」という反応が返って来そうですが、私は意識的に、あるいは無意識のうちにかもしれないけれど、「目の前にある社会システムに従うのは困難だ。だから私は下りる」という思想だと感じるのです。何が言いたいのかというと、ひきこもりは、単なる「現実逃避」や「サボり」とは違うということです。

斎藤　ああ、その認識は大事です。

佐藤　そのうえで、そういう人は一定程度存在するのが当たり前、社会はそれで成り立っているのだ、と理解すべきなのではないでしょうか。だから、ひきこもっている人に対しては、無理やり社会システムの中に連れ戻そうとしたりするのではなく、まずは「生きていてくれてありがとう」という姿勢で対する必要があると思うのです。これは、多分に私の神学者としての感覚でもあるのですが。

斎藤　私は、かつて哲学者・ニーチェを扱ったＮＨＫの番組で、「『超人』とは、完璧なひきこもりのことだ」と言ったことがあるんですよ。ひきこもりは、仕事はしていない、人間関係もない。そういう自分を全肯定できるかどうかが、「超人」の重要な条件だと考える——という意味なのですが。佐藤さんの話を聞きながら、そのことを思い出しました。

ともあれ、ひきこもりに対する今の指摘は、まったく正しいものだと思います。多くの場合、彼らも「働かなければ」と口にしたりしていて、自分から「下りた」つもりはないのですが、実際の振る舞いにおいては、そういう「無意識の思想」が反映していると感じることが多々あります。

ただし、ひきこもりについて今の佐藤さんのような「優しい」認識を持つ人は、今の日本では極めて少数派です。現状では、社会的スティグマが非常に強くて、それが彼らの中に内面化される、つまり自分が偏見にさらされていると認識する結果、ますます外に出づらくなってしまうということになっているわけです。

佐藤　私は、ひきこもりという現象をどう捉えるのかは、すなわち自分が今の日本社会をどう見ているのか、どのようにしたいのかが理解できる「応用問題」のような気がするんですよ。「働かない生産性のない人間を社会が支援する必要はない」と考えるのか、

「外に出られなくて苦しんでいる人もいることを認めよう」と理解するのか。常日頃「生き方の多様性」とか「組織におけるダイバーシティ」とかを口にしている人が、解答用紙に前者の答えを書くような場合には、もう一度基本に立ち返って、その意味を学び直してみる必要があるかもしれません。

斎藤　なるほど。誤解を恐れずに言えば、まったく働けない、働かない人が人口の一割くらいはいる社会が健全だ、と私も考えています。それが肯定され、社会的抑圧が少ない環境になれば、逆に「不必要なひきこもり」は解消されていくだろうと確信するのですが。

佐藤　考えてみれば、みんな同じ時間に起きて、同じように学校に行ったり会社勤めをしたりというのは、人類史の中でも、たかだかここ二〇〇年くらいのことなんですね。そのシステムにどうしても乗れない人たちが一割くらいいても、不思議でも何でもないわけです。

加えて、そういう発想は単なるひきこもり対策ではなく、自らに返ってくる話でもあると思うのです。社会的抑圧にさらされているのは、何もひきこもりの人たちばかりではないですから。

斎藤　そう、自分自身も多かれ少なかれ抑圧を感じるので、理不尽な「同調圧力」に屈してしまうこともある。（笑）

ひきこもりに対する捉え方についての佐藤さんの指摘は、さきほどの生活保護にも、つながりますね。こちらに対するスティグマが、また半端ではない。厚労省の「方針転換」は歓迎すべきことなのですが、「受給は恥だ」といった意識から、申請を自主規制してしまう人がどれだけいることか。

佐藤　社会というか私たち一人ひとりが、もう少し寛容さ、本当の意味での多様性を身につけることを求められているのではないかと、つくづく思います。時代に即した制度やシステムの改善は不可欠です。しかし、そこに魂が込められないと、〝砂上の楼閣〟に終わる危険性が強いでしょう。

斎藤　その通りですね。

新解釈「酸っぱい葡萄」で楽になれ！

佐藤　今の話にも関連するのですが、私は最近、イソップ寓話の「酸っぱい葡萄」の再解釈が必要ではないかと感じているのです。たわわに実った葡萄を見つけた狐が、食べようと何度もジャンプするけど届かない。諦めた狐は、「どうせ酸っぱい葡萄だろう」と捨て台詞を残して立ち去る、というお話です。

斎藤　「負け惜しみ」ですね。フロイト的には「否認」で、受け入れ難い状況に際して心の平安を取り戻そうとする防衛機制の一つです。

佐藤　でも、現状に当てはめてみると、この狐の行動からは、別の教訓を引き出す必要があるのではないでしょうか。

高い木に実る葡萄は、言ってみれば偏差値の高い学校とか大企業や官庁のしかるべきポストです。かつては、みんなにあの葡萄を採ってこいと言われるものの、手の届かない大多数の狐は、負け惜しみを言って引き下がるしかありませんでした。では、首尾よく葡萄にありついた狐は、どうか？　会社なら社長、中央官庁なら事務次官、大学なら学長のポストという、より高いところになる葡萄を目指して、延々〝椅子取りゲーム〟に興じることになるかもしれません。

斎藤　それは、必ずしも幸せな生活には、見えませんね。

佐藤　だいたい狐は基本的に肉食ですから、葡萄なんて無理して食べる必要はないのです（笑）。ですから、「酸っぱい葡萄」というのは、あながち負け惜しみではなくて、「俺は自分にとって無意味な競争からは下りて、自分に適した餌やねぐらを見つけるよ」という、それこそ現代的な思想として読み換えられるのではないか。コロナ禍の今だからなおさら、この寓話の再解釈から、何か思考を発展させられないかというのが、今の私の問題意識なのです。

斎藤　とても面白い着眼だと思います。

佐藤　付言すれば、今申し上げたのは、みんなと同じ葡萄を採ろうと考える必要はないということで、適切な競争自体を否定するわけではありません。ただ、その競争についても、ちょっと気になることがあります。近年、「成果主義」が急速に広がっているでしょう。

斎藤　リモートワークの拡大により、それが導入しやすくなっている、という指摘もされていましたね。

佐藤　成果主義自体はポジティブな内容を含んでいますし、ある程度この仕組みを取り入れていくことには、私も賛同します。例えば、八年間論文を一本も書かず、学会発表もしていないにもかかわらず、専任で採用されると助教のポストにずっといられる。勤務する大学で、そうした事実を目にすると、これでは学生があまりにかわいそうだな、と。評価システムの片鱗もないために、こうしたことが罷り通るのはいかがなものか、と思うこともあるわけです。

しかし、一方で、組織内に成果主義が徹底され、それに縛りつけられている人が、世間には数多くいるわけです。勤怠時間は管理されていると言いつつ、五時を過ぎたら今度は自分のパソコンでせっせと仕事をしているような人たちです。むろん、そうした職場では、仕事量だけでなく質も問われるでしょう。そういうプレッシャーをかけ続けられて、人間は果たして大丈夫なものなのか、と心配にもなるのです。

斎藤　医学の分野でも、とにかく成果を定量化できるという信仰が強いんですよ。「論文を何本書いた」まではいいとして、論文がどれだけ引用されたかを基に学術雑誌の影響度を評価する「インパクトファクター」というものまであって、とにかく全てを数値化しないと気が済まない。その結果、その論文が本質的にどれだけ医学に寄与しているものかという評価がほとんどなされない、という事態も起こっています。

佐藤　それは、絵に描いたような本末転倒ですね。

斎藤　数値的な基準を満たしていれば、まあいいんじゃないの、というような感じで評価されてしまう。そういうことが、いずれいろんなところに弊害をもたらすのではないか、という懸念は感じています。

佐藤　今の例でも明らかなように、成果は基準があるから測定できるんですね。それが曖昧だったり誤っていたりすれば、メンバーが疲弊するだけでなく、組織や社会に有害でさえあります。

いずれにしても、行き過ぎた成果主義によって、多くの人の心が折れやすくなっているのは事実だと思うのです。これに対抗していく価値観、基準を構築していくことも、急がれているのではないでしょうか。リモート化が進む世の中においては、より一層その意味は大きいと感じます。

斎藤　ポストコロナの成果主義には、適切な監視が必要ですね。

ソウル化、モスクワ化するトーキョー

佐藤　新型コロナは、「東京一極集中」の危険性、別の言い方をすれば、弱点も露呈させました。

斎藤　人口の密集した首都で、医療崩壊を招くような感染爆発が起こり、それが周辺、さらには地方に飛び火していく、というのが感染拡大の一つのパターンでした。

佐藤　その東京ですが、人口集中が進むだけでなく、この間急速に「変質」しつつあるという感を拭えないのです。私は、同志社で教えるために七年間京都に通い、仕事などで時々沖縄も訪れます。そうやって、定期的に地方に接している人間の皮膚感覚と言ってもいいのですが。

斎藤　変質ですか。それはどんなふうに？

佐藤　例えば、緊急事態宣言下でも、ホテルの高級レストランの個室みたいなところは、どこも満員です。都心を中心に不動産価格も上がっている。中産階級の転落という話はよくされるのですが、一部は逆に上昇しているわけです。富裕層とまではいかないけれど、そこそこ豊かという層が出現していて、こういうのは、地方にはあまりない現象だと思います。

斎藤　株高とかの恩恵かもしれませんね。

佐藤　同時に、貧困層の拡大も相変わらずで、結果的に富裕層・中間層の上層か、貧困層か、という極度の二極化が、この七年間で確実に進んだ実感があるのです。こうなってくると、東京もやがてモスクワとかソウルとかに近い、非常に「特殊な街」になるのかもしれません。中産階級的な部分が本当にやせ細って、エリート層とエッセンシャルワーカーしかいない都市になります。

斎藤　日本の中でも特異な存在に、ますますなっていくということですね。

佐藤　そういう感じがするのです。見方を変えると、地方は東京とは別の生態系になってくるのではないでしょうか。そして、そこに可能性も見えるわけです。

これは、冨山和彦さんが『新L型経済　コロナ後の日本を立て直す』（田原総一朗氏との対談）という本の中で提唱しているのですが、東京の企業で将来中堅、部長止まりぐらいという人は、地方に行くという選択肢を持ったらどうか、と。もっと活躍できるし豊かな生活ができる。収入は多少下がっても、住宅費などは格段に安いので、可処分所得は増えるわけです。

斎藤　確かに、東京で中産階層からの転落に怯えているよりは、地方のほうが可能性に恵まれるかもしれません。

佐藤　疲弊の極みのように言われる地方経済ですが、実はAI化の遅れとかマネジメント技術の未熟さとかが足かせになっていて、そこを改善できる人材には、ニーズがある。そうやって地方経済が伸びることによって、大多数のエッセンシャルワーカーが稼げるようになる、というわけです。

斎藤　私も水戸にいますけど、地方といっても県庁所在地だとかのレベルの都市は、少なくとも不便なことはありませんからね。一極集中の弊害は多くの人の認識するところとなりましたから、ある程度地方移住に拍車がかかって、おっしゃるような動きが具体化されていくのかもしれません。

希望は「地方」、そして「ヤンキー」

佐藤　地方は東京とは別の生態系になると言いましたが、実はすでに中央とは異なる「変種」が根付きつつあるようなのです。斎藤さんは、「ヤンキーの虎」という概念をご存知ですか？

斎藤　いえ、知りません。

佐藤　藤野英人氏（レオス・キャピタルワークス会長兼社長、ＣＩＯ）という投資家の命名で、同名の著書もあるのですが、地方にいる「マイルドヤンキー」たちを集めてビジネスをやり、成功を収めている人間たちのことです。

斎藤　そんな人たちがいるんですか。

佐藤　そうなんです。マイルドヤンキーというのは、かつての「やんちゃ系」の意味合いとは違います。地方にいて、東京への憧れを持たず、地元で遊ぶのが大好き。仲間との絆を大事にし、結婚・出産は早めで、家を建てることに執念を燃やす――。そんな若者たちの総称で、定義したのは、元博報堂の原田曜平氏です。ヤンキーに関する著書のある斎藤さんには、釈迦に説法ですが。

斎藤　今、どこの地方に行っても「ラウンドワン」という総合遊興施設がありますよね。あれはまさに、ヤンキーのニーズを満たすど真ん中の空間で、みんなあそこで遊んでいるわけです。

佐藤　藤野氏の本が出版されたのは二〇一六年ですが、そこで分析されているのは、肉食系の「虎」は、とにかく「よく動く」ということ。高齢化、人口減少で地方経済は衰退の一途と言われる中で、どっこい彼らは旺盛にビジネスを展開し、しっかり稼いで、地域経済の希望の星にさえなっている。最大の武器は、地域の絆をフルに動員した営業力で、販売店や飲食系から介護施設、パチンコ、ラブホテルまで複数の会社を立ち上げて、まるでコングロマリットのような事業を展開しているのです。

斎藤　なるほど。ヤンキーたちが働きやすい現場でもありますね。

佐藤　とはいえ、とにかく若手を集めて闇雲に何かをするというのではなく、彼らはマーケットリサーチなんかもちゃんとやります。例えば、地方に行くと、時々場違いにおしゃれなパン屋が見つかります。そういうのは、たいてい「虎」が手掛けている。メインのお客さんは、地方の高齢者なのです。

斎藤　そうなんですか。

佐藤　藤野さんの本を読んでなるほどと思ったのですが、それには米の味の変化も関係しているのだそう。昔の米は、今と違って糖度が低くて、おいしくなかった。だから、わざわざふりかけなどをかけて食べていたわけです。六十歳以上の世代にはその舌の記憶があるので、パンの需要が高いというわけです。なおかつ、店舗も古臭さを一新することで、客寄せに成功しました。

斎藤　なるほど。高齢者比率の高い地方のニーズに合致したビジネスモデルですね。

佐藤　そういう事業を展開することで、若者たちの雇用の重要な受け皿にもなっています。その事実を知って、コロナ禍のプロセスの中で、地方では悩み多き都市のエリート層とは別の生態系が分岐して、なおかつたくましく経済力を蓄えつつあるようなイメージを、私は持ちました。

斎藤　その感覚は、とてもよく分かります。

佐藤　さきほどの『新L型経済』の冨山さんも田原さんも、恐らくこの藤野さんの本は読んだことはないと思うのです。にもかかわらず、地方経済に着目した上で、将来的にその重要性が高まっていく、という同じような結論を導いている点は、大いに注目すべきことだと思うのです。

斎藤　なるほど。ちなみに、ヤンキーという切り口で見ると、それは都会にもいて、コロナで店が酒の提供をしないのなら、と路上や公園で酒盛りを始める若者なんかは、今おっしゃった層に重なるのではないでしょうか。

佐藤　確かに、ウイルス感染の恐れをものともせず、周囲の呼びかけも半分無視して、密にたむろして騒ぐというのは、すぐれてヤンキーチックな振る舞いです。（笑）

斎藤　ヤンキーは案外、お上の言うことにはとりあえず従う、というところがありますから、最初は自粛に協力したわけです。ところが、一年以上迷いっ放しのお上を見ているうちに、「なんだこいつら」といった気持ちになったのかもしれません。

付け加えれば、多くの人が気づいていないのですが、そういうヤンキー人口は、サイレントマジョリティーなのです。

佐藤　その点は、藤野さんも本の中で指摘していました。「ヤンキーの虎」は、雇用の受け皿としても、日本の経済を回すという点でも、最も重要な存在になり得るのだけれど、今のところ、ほとんど注目されていないのだ、と。裏を返せば、これからどんどん頭角を現してくるかもしれません。

斎藤　あえて言えば、都会のヤンキーも含めて、今は「見えにくい」彼らの動向が、ポストコロナの世の中に大きな影響を与えていくことは、間違いないでしょう。そこは、「ヤンキー文化」を研究してきた私の実感にも合致します。

心の中に「逃げる自由」を確保しよう

佐藤　斎藤さんは、コロナの中で、あらためて日本社会の「逃げられないことの息苦しさ」が露見した、とおっしゃいました。下手をすると自殺や薬物依存に結びついたりもする息苦しさを解消するために、社会のあり方やシステムを変えていく努力を続けなくてはなりません。

同時に、そうした社会の中で生きる個々のレベルでは、もっと「逃げる自由」を肯定的に捉えてもいいのではないかと、私は思うのです。逃げないことで折れてしまう人が、あまりにも多すぎるのではないでしょうか。

斎藤　男性が自殺しやすいのは、まさにそれです。誰にも相談できない、苦痛を訴えることもできない、と自ら逃げ場を閉じてしまう。

私が身を置く医学教育の現場でも、「最後まで頑張り通すことの価値」というようなことが強調されがちです。二〇一八年に、医学部の入試でのジェンダー格差が明るみに出て問題になりましたけど、結局あれは、女子は逃げてしまうから、要するに将来、結婚、出産で長時間勤務などが難しくなる可能性が高いから、なるべくご遠慮いただきたい、という話なのです。

佐藤　「逃げないことに価値がある」という〝昭和の男社会の発想〟が、頑強に沁みついている。もちろん、大学の医学部に限った話ではありません。でも、そういうのも、いつ自分が「被害者」の側に立たされるかわからないロジックですよね。

斎藤 その通りです。

佐藤 実は「逃げることの価値」に関する私の原点は、同志社の神学部の学生だった時代にあるんですよ。

斎藤 学生時代には、すでにその境地に達していたわけですか。(笑)

佐藤 当時ドイツ語の講師に非常に厳格な先生がいて、今でもはっきり覚えているのですが、テキストがカフカの『ブレシアの飛行機』という評論でした。初級文法をやっただけの大学二年生に、それをセンテンスごとに順番に訳させて、名刺や形容詞ひとつずつの格や動詞の時制を説明させる。できないとみんなの前で「君はバッターボックスに立って、バットも振れないのか」などと、徹底的になじる。みんな自分の当たりそうなところに目星をつけて、教室でドイツ語の辞書と首っ引きになっているわけです。

でも、訳の作成が間に合いそうにないこともある。授業は英文学科の学生たちと合同だったのですが、ずる賢い神学部の連中は、「これはまずい」と思うと、先生が黒板のほうを向いている隙に、教室から逃亡するのです。そうすると訳すセンテンスがズレる

ので、後ろに座っていた英文科の女子なんかが身代わりになって、しょっちゅう人格攻撃の餌食にされていました。（笑）

斎藤　「会うことは暴力だ」という話を前にしましたが、それはかなりあからさまな暴力と言えます。

佐藤　まあ、それ自体は他愛のない学生の行動なのですが、教室から逃亡することで、同世代の人間たちの前で叱責を受ける苦痛と恥辱からは、完全に解放されます。後から考えると、絶体絶命になったら逃げるというのは、立派な問題解決の手段、賢い生き残り術だということを、あの時に学んだ気がするのです。

斎藤　他人に迷惑がかかることが分かっていても、逃げる時は逃げる。「場合によっては」というエクスキューズは付けさせていただきますが（笑）、いざとなったら問題から逃げてサバイバルを図るというのは、とても大事なことです。

佐藤　じゃあ彼らはその後の人生で逃げっ放しかというと、そんなことはなくて、例えば私が逮捕された時には、さっと集まっていろいろ助けてくれました。決して得になるとは思えないのに。要するに、暴力からは逃れて身を守り、頑張るところは頑張る。

斎藤　心理学用語の「レジリエンス」ですね。「精神的回復力」とか「ストレス耐性」とか訳されるのですが、「黙って頑張れ」ではなく、自分を柔軟に変貌させてサバイバルしていく考え方です。友人のみなさんは、そういう生き方を身につけていらっしゃるのではないでしょうか。

佐藤　神学を学んだからなのかどうかは分かりませんが、総じて「生きる力」が強いように感じます。

斎藤　許容レベルを超えた暴力からは堂々と逃げる。必要だと思ったら、「会うことの暴力性」を自覚したうえで他人と関わっていく。そういう発想こそ、これからますます重要になる生きる術だと思います。

教え、そして伝えることを

佐藤　私は、斎藤さんが、新型コロナが社会や人の心にどのような影響をもたらすのかについて言語化している、数少ない知識人だと思っています。ずっと対談してきて、その私の考えが誤りではなかったことに、あらためて確信が持てました。

斎藤　いや、それはちょっと買い被りかもしれません（笑）。ただ、コロナの影響で社会がどう変わるのかを論じる人はいるのですけど、コロナ禍によって今まで見えなかった事実が見えてきたという部分については、意外なほど発言がないんですね。

前にも言いましたが、世の中には、例えば多くのヤンキーのように、人と対峙した時に受ける暴力性の壁が比較的低い人間もいれば、どんなに優しい相手であっても、暴力の痛みを強く感じる人たちもいました。

佐藤　コロナ前は、社会はそんなことに気付く由もなく、みんなに同じ「会い方」を強いていた。

斎藤　コロナで得た知見を活かすのならば、ポストコロナにおいて、かつての働き方、学び方に戻りたい人は戻ればいいし、一方でリモートのままでいたいという人には、変わらない生活環境を保証するよう努力すべきでしょう。もちろん、全てが希望通りにはいかないかもしれません。しかし、そうしたことが一顧だにされないまま、このコロナが過ぎ去り、「禍」についての人々の記憶が薄れてしまった結果、世の中がまた無自覚の暴力性に覆われてしまうことを、私は一番恐れるのです。

佐藤　そうならないためにも、我々自身が世の中に対するアクションを継続していかなくてはなりません。斎藤さんは、ポストコロナを見据えて、どんなことをお考えですか？

斎藤　前に「会うことの暴力性についての三類型」の話をしましたが、例えばそうした考えについても、現状はあくまでも私の仮説に過ぎません。実際に社会のインフラ設計に生かすためには、もっと緻密な実証なども必要になるでしょう。幸いなことに、基礎的なデータはかなり蓄積できましたから、それらをベースに、検証を急ぎたいと考えています。

新型コロナというパンデミックを、適切な社会的外傷として残すための作業にも、意識的に取り組む必要があると思っています。日本社会が広く三・一一の記憶を維持しているのは、被災のインパクトが強烈で、「日付」が明確だったからだけではないと思うのです。震災の直後から堆積し続けた膨大な語りとテキストの効果も、決して無視することはできません。

佐藤　確かにその通りです。

斎藤　あの震災は過去のどの災害にもまして語られ、あるいは映画や小説や評論に至るまで、夥《おびただ》しい数の作品をもたらしました。それらによって、人々は常に「あの日」に帰り、復興の到達点も確認できるわけです。

ですから、二〇一九年末以降の出来事も、きちんと語り、残すことは重要です。とはいえ、これについては私には文筆しかないので、コロナ禍とメンタルヘルスについての論文や、医療の定点観測についての文章を依頼されるままにたくさん書きました。コロナ・ピューリタニズムやコロナ禍の記憶、あるいは会うことの暴力性についての問題意識については、依頼も受けずに書いたｎｏｔｅの文章が元になっています。佐藤さんとの対談でこうして「語る」ことも、適切に記憶するためのプロセスと考えています。

佐藤　私は、自分が教える学生たちに必ず見せている映画があるのです。『海軍特別年少兵』、『若き魂の記録　七つボタン』、『戦争と人間』。要するに、戦時中の陸軍の内務班と海軍の少年兵教育の実態を見せるのです。海軍は棒で殴る、陸軍は手で殴る（笑）。そういう暴力性をベースに、理不尽が罷り通っていく。

斎藤　いろんな意味で驚くでしょうね、今の学生たちは。

佐藤　もちろん、わざわざそういう「悪しき原形」を見せるのには、目的があります。例えば、内務班というのは、兵舎内に設けられた居住単位で、兵隊たちが文字通り寝食を共にしていました。そこでは、食事、清掃、兵器の手入れなどの諸々に、隙のない厳しい規則と慣行が存在して、それに絶対的な服従が義務づけられていたわけです。

斎藤　とにかく「上」の言うことは絶対。平たく言えば「死ねと言われたら死ぬ」訓練の場だったのですね。

佐藤　兵士たちは、親子や兄弟であることを強制され、古株が新米に対して私的制裁を行うことは、日常茶飯事。そのため、自殺者や脱走者も多かったのです。

そこに描かれているのは、確かに戦争中という異常事態の中での出来事なのですが、それを批判的に見せていくと、学生たちは、「まてよ」と。よくよく考えてみると、自分たちが学んできた学校や、親から聞く会社の話にも似たようなところがなかったか、と気づく。

斎藤　実際、学校には自殺も不登校もあるわけだから。

佐藤　そうやってアナロジカルな見せ方をすると、単に「その時代はひどかった」ではなく、「現代の我々の社会にも、同じようなものが構造として潜っているのではないか」という発想を持つようになるわけです。だから、私の教え子たちは、「内務班」という言葉をみんな正しく理解しているんですよ。「何か嫌ですね。あの先生のやり方は、内務班みたいですね」とか。(笑)

斎藤　確かに、戦争から七〇年たっても、日本社会はいろいろなところが、依然として「内務班モデル」に従って動いています

佐藤　そうした旧態依然の仕組みや思考回路が、社会の生産性向上の足かせになり、同時に人間のメンタルを危うくしているのは明らか。その構造にメスを入れていけるかどうかが、コロナ後を生きる我々には問われているのだと思います。

個人的には、若い世代への教育と、活字による情報発信。これで、少しでも社会に影響を広げていけたら、と考えています。

斎藤　極論で世間の歓心を買うとかではなくて、誠実に啓蒙を行う書き手がいなくなれば、論壇も衰退するしかないと思います。そういう意味でも、佐藤さんには頑張ってほ

しいですね。

佐藤　影響力を広げる上で、今回の斎藤さんとの対談は、非常に有意義なものだったと思います。

斎藤　ありがとうございます。私にとっても佐藤さんとの対話は、新たな問題意識について考える貴重な機会でした。最後に精神科医の立場から読者のみなさんにひとこと申し上げておくと、おかしな言い方に聞こえるかもしれませんが、パンデミックが終息したら、いち早く「本来の人間の姿」を取り戻してもらいたいと思います。対話できなかった不自由さ、会えなかった寂しさを思い、直に人と会って、エアロゾルを交換しながらたくさんしゃべってください。意識的に、それをやってほしいのです。コロナで傷ついた心を修復し、後遺症を残さないためには、それが一番です。

ただし、「やっぱり三密は苦手だ」と感じる人がいることも忘れないでください。そういう人にとっては、会わないことが「本来の姿」なのですから。

生きるヒント⑤

●自分の居場所が「学校だけ」「会社だけ」になると息苦しくなる。クラブ、教会、学習塾。意識的に別の居場所をつくっておくと、心はだいぶ楽になる。

●子どもも大人もリアルな出席とリモート出席のハイブリッドが理想。

●この機会にひきこもりの人の気持ちを理解しよう。外に出られなくて苦しんでいる人がいることを理解し、寛容になれれば、外に出られているあなた自身も楽になる。

●人生の目標は、人それぞれ。「酸っぱい葡萄」と思うならそれでいい。みんなが同じ「葡萄」を目指す必要はない。

●知らずしらず「成果主義」で身動きがとれなくなってはいないか、自らをチェックしよう。

●実は地方には可能性がある。パンデミックを機に本気で移住を検討するというのは、十分アリ。

●「逃げる時には逃げる」というのは、生き延びるための立派な知恵。心の中に、その自由を確保しておこう。

●ポストコロナには、人と会い、会話して、意図的にメンタルの修復に努めよう。

あとがき

六十歳を回ると（一九六〇年一月十八日生まれの私は現在六十二歳である）、新しく人脈を切り開くのが億劫になる。人生の残り時間が気になり（特に末期腎不全で十分な作家活動はあと数年しか出来ないことが明らかな私にとって残り時間の問題は深刻だ）、優先度をつけて人と会ったり、仕事を選んだりするようになっている。

こういう状況で、斎藤環氏は、私が心の底から会いたいと思う人だ。それにはいくつかの理由がある。

第一に、斎藤氏は対話（ダイアローグ）ができる人だからだ。実は対話と言いながら、実際には対話が成り立っていないことがほとんどだ。私が研究しているチェコのプロテスタント神学者ヨゼフ・ルクル・フロマートカは、キリスト教徒とマルクス主義者の対話を推進した人物だ。フロマートカの下でこの対話プログラムに加わっていたコメンスキー福音主義神学大学（カレル大学プロテスタント神学部の前身）の実践神学教授をつとめたヨゼフ・スモリーク氏が私にこんなことを述べていた。「実際のところ、対話はなかなか成立しなかった。最初は、二つのモノローグ（独話）が行き来するだけだった。しかし、あるときをきっかけに心を開き、対話が成立する。チェコスロヴァキアでは、対話の成立によってキリスト教徒もマルクス主義者も変容した。ただし、変容の度合いはマルクス主義者の方が大きかった。そして『人間の顔をした社会主義』という考え方が生まれた。この考えに基づいてチェコ人とスロヴァキア人の共産党員は民主化運動を展開したが、一九六八年八月にソ連軍を始めとするワルシャワ条約五カ国軍の侵攻によって民主化運動は力で封じ込まれてしまった。その後、チェコスロヴァキアの社会を覆ったのは無力感だった。それは今まで続いている」。

スモリーク氏がプラハのコメンスキー福音主義神学大学の研究室でこのことを私に述べたのが一九八九年六月のことだった。それから五カ月後に「ビロード革命」が起き、チェコスロヴァキアは社会主義体制から離脱する。「ビロード革命」は、「プラハの春」

のときの積み重ねによってではなく、突然、到来したのだ。しかし、その起源にはフロマートカやスモリークが命懸けで行った対話の成果が間接的に現れている。日本の政治や論壇、アカデミズムを見ても、ポジショントークという名のモノローグが行き交っているだけだ。この状況を打破するヒントを斎藤氏との対話から得たいと思った。

第二は、コロナ禍によって生じた価値転換の本質について、斎藤氏と話したかった。斎藤氏は「ひきこもり」研究の第一人者だ。コロナ禍で日本国家が国民に「ひきこもる」ことを慫慂《しょうよう》するようになった。それまで日本国家は、「ひきこもり」を家から出し、労働させることに価値を置いていた。この大きな価値観の転換が日本人の思想と行動にどのような影響を与えたかについて、斎藤氏の意見を聞いてみたかった。本書を読んでいただければわかるが、「ひきこもり」の人たちの環境はコロナ禍によって多くの人が在宅勤務（新種の「ひきこもり」）をするようになっても変化していない。

そこから見えてくるのは、工場、学校、軍隊という近代的集団行動のシステムの制度疲労だ。現在の制度に身体と心が合わない人が一割くらいいても不思議ではない。「ひきこもり」の人たちに過剰な干渉をして、無理に働かせようとするのは、不登校の子どもを無理矢理、学校に連れ出すのと同じくらい暴力的な行為だと私は考えるようになった。そもそもマルクスの『資本論』によれば、未就労の児童、高齢者のみならず資本家や地主も価値を生産していないのである。資本主義システムはこういう人も食べさせていくことができるのだ。「ひきこもり」の人たちを支える余裕はわが資本主義社会には十分あることを認識し、もうすこし鷹揚な態度をとるべきだ。

第三は、脳科学ブームの危険性について斎藤氏と話をしてみたかった。この点についても話が嚙み合った。私には、人間の思考や心の働きをすべて脳に還元してしまうアプローチは、ソヴィエト型唯物論の再来のように思えてならなかった。斎藤氏によれば、生理学的に脳の構造についてはごく一部しか啓明《けいめい》されておらず、心の働きを脳に還元することなどは科学的根拠がないとのことだった。同時に私も斎藤氏も最近の脳科学ブームが優生思想とつながりやすいことを危惧している。この点については、今後、もっと議論を深めていく必要があると思う。いずれにせよソヴィエト型唯物論の失敗の歴史についてきちんと調べ、その過ちを二十一世紀の日本で繰り返さないことが重要と私は考えている。

本書を上梓するにあたっては中公新書ラクレの中西恵子編集長、フリーランスの編集者でライターの南山武志氏にたいへんお世話になりました。どうもありがとうございます。

二〇二二年一月

佐藤　優

本書は、『中央公論』二〇二二年五月、六月、七月、九月、十月号に掲載された対談に大幅に加筆、修正したものです。

構成／南山武志
本文DTP／市川真樹子

ラクレとは…la clef=フランス語で「鍵」の意味です。
情報が氾濫するいま、時代を読み解き指針を示す
「知識の鍵」を提供します。

中公新書ラクレ
750

なぜ人《ひと》に会《あ》うのはつらいのか

メンタルをすり減《へ》らさない38のヒント

2022年 1 月10日初版
2022年 2 月20日再版

著者……斎藤《さいとう》 環《たまき》　佐藤《さとう》 優《まさる》

発行者……松田陽三

発行所……中央公論新社
〒100-8152 東京都千代田区大手町 1-7-1
電話……販売 03-5299-1730　編集 03-5299-1870
URL https://www.chuko.co.jp/

本文印刷……三晃印刷
カバー印刷……大熊整美堂
製本……小泉製本

Published by CHUOKORON-SHINSHA, INC.
Printed in Japan　ISBN978-4-12-150750-1　C1236

中公新書ラクレ　好評既刊

L620 読売新聞 朝刊一面コラム 竹内政明の「編集手帳」傑作選

竹内政明 著

読売新聞 朝刊一面コラム「編集手帳」の執筆を退いた竹内政明氏の最後のコラム集。勝った人より「負けた人」に、幸せな人より「日の当たらない人」に寄り添い、人々の心の襞に分け入る当代きってのコラムニストによる自選121編の「傑作選」と、ラクレ未収録分30編を収録。「泣けるコラム」で多くのファンを魅了してきた竹内氏の珠玉の作品集。「編集手帳」執筆にかける思いを語った日本記者クラブ賞受賞記念講演会の講演録も収録。

L624 日本の美徳

瀬戸内寂聴＋ドナルド・キーン 著

ニューヨークの古書店で『源氏物語』に魅了されて以来、日本の文化を追究しているキーンさん。法話や執筆によって日本を鼓舞しつづけている瀬戸内さん。日本の美や文学に造詣の深い二人が、今こそ「日本の心」について熱く語り合う。文豪たちとの貴重な思い出、戦争や震災後の日本への思い、そして、時代の中で変わっていく言葉、変わらない心……。ともに96歳、いつまでも夢と希望を忘れない偉人たちからのメッセージがつまった対談集。

L637 新装版 役人道入門
――組織人のためのメソッド

久保田勇夫 著

中央官庁で不祥事が相次ぎ、「官」への信用が失墜している。あるべき役人の姿、成熟した政と官のあり方、役人とは何か？「官僚組織のリーダーが判断を誤ればその影響は広く国民に及ぶ」。34年間奉職した財務官僚による渾身の書を緊急復刊！　著者の経験がふんだんに盛り込まれた具体的なノウハウは、指導者の地位にある人やリーダーとなるべく努力をしている若手など、組織に身を置くあらゆる人に有効な方策となる。

L638

中学受験「必笑法」

おおたとしまさ 著

中学受験に「必勝法」はないが、「必笑法」ならある。第一志望合格かどうかにかかわらず、終わったあとに家族が「やってよかった」と笑顔になれるならその受験は大成功。他人と比べない、がんばりすぎない、子供を潰さない、親も成長できる中学受験のすすめ——。気鋭の育児・教育ジャーナリストであり、心理カウンセラーでもある著者が、中学受験生の親の心に安らぎをもたらす「コロンブスの卵」的発想法を説く。中学受験の「新バイブル」誕生！

L639

米中衝突

——危機の日米同盟と朝鮮半島

手嶋龍一＋佐藤 優 著

米朝首脳会談を通じて「恋に落ちた」と金正恩を讃えるトランプ。北朝鮮の背後にあって「海洋強国」を目指す習近平の中国。朝鮮半島は中華圏に引き寄せられ、日本は米中衝突の最前線で烈風に曝されつつある。「米朝開戦か！」と騒がれていた2017年秋、早くも「米朝はいずれ結ぶ」と言い当てたインテリジェンスの巨匠2人が、「新アチソンライン」という新たな視座とともに提示する驚愕のシナリオとは。日本の危機を直視せよ！

L643

街間格差

——オリンピック後に輝く街、くすむ街

牧野知弘 著

「家を買うなら五輪後」とまことしやかに語られる東京23区。しかしこの瞬間、大きな変化はすでに起こっていた！ 不動産事情に詳しい著者曰く、「働き方改革」に象徴されるライフスタイルの変化に伴い、住まい探しの絶対的価値基準「沿線ブランド」「都心まで○分」が崩壊。各街の〝拠点化〟が進んだ先に新たな格差が露呈し始めたという。湾岸タワマン、団地、観光地——。東京で暮らすなら、足元に迫る「街間格差」に今すぐ備えよ！

L651

続・孤独のすすめ

——人生後半戦のための新たな哲学

五木寛之 著

人は本来孤独を恐れるべきものだろうか。あるいは、孤独はただ避けるほうがいいのか。私は孤独の中にも、何か見いだすべきものがあるのではないかと思うのです。（中略）孤独の持っている可能性というものをいま、私たちは冷静に見つめ直すときにさしかかっているようにも感じるのです（本文より）。——30万部のベストセラー『孤独のすすめ』、待望の続編！世に流布する「孤独論」を退ける、真の「孤独論」がここに完成した。

L653

教育激変

——2020年、大学入試と学習指導要領大改革のゆくえ

池上　彰＋佐藤　優 著

2020年度、教育現場には「新学習指導要領」が導入され、新たな「大学入学共通テスト」の実施が始まる。なぜいま教育は大改革を迫られるのか。文科省が目指す「主体的・対話的で深い学び」とはなにか。自ら教壇に立ち、教育問題を取材し続ける池上氏と、「主体的な学び」を体現する佐藤氏が、日本の教育の問題点と新たな教育改革の意味を解き明かす。巻末には大学入試センターの山本廣基理事長も登場。入試改革の真の狙いを語りつくした。

L655

独学のススメ

——頑張らない！「定年後」の学び方10か条

若宮正子 著

「趣味がない」なんてしょんぼりしなくて大丈夫。「やりたいこと」の見つけ方、お教えします。何歳からでも〝成長〟できます。定年後はますます楽しくなります——。定年後に「独学」でプログラミングを学び、世界最高齢のアプリ開発者として一躍有名人に。英語のスピーチはグーグル翻訳で乗り切り、旅先で知り合った牧師さんの家を訪ねてみたり。自由気ままな84歳。毎日を楽しく生きるコツは、頑張りすぎない「独学」にありました。

L658

ハーバードの日本人論

佐藤智恵 著

判官びいきは日本人の特徴か。日本人はなぜロボットを友達だと思うのか。なぜ細部にこだわるのか。本当に世襲が好きなのか。なぜものづくりと清掃を尊ぶのか。なぜ義理を重んじ、周りの目を気にするのか。なぜ長寿なのか。そもそも、日本人はどこから来たのか……。いまだに日本は世界の不思議だ。世界最高の学び舎、ハーバード大学の10人の教授のインタビューを通して、日本人も気づかなかった日本の魅力を再発見できる一冊。

L660

決　断

——会社辞めるか辞めないか

成毛　眞 著

「このまま定年を迎えるか、それとも転職してもう一花咲かせるか」と悩みがちなミドルエイジ。今やテクノロジーやグローバリズムの影響で、会社どころか業界ごと消える可能性まであるし、ますます悩みは深い。一方、そうした激変が既に起きているのがメディア業界だと著者は指摘する。注目のメディア人はなぜ「決断」した？　同僚や家族はその時どう反応した？　そしてお金はどうなった？　激動の今こそ、目利き人の「決断」に学べ！

L663

赤ちゃんはことばをどう学ぶのか

針生悦子 著

認知科学や発達心理学を研究する著者は、生後6～18ヶ月くらいの子ども、いわゆる〝赤ちゃん研究員〟の「驚き反応」に着目し、人がどのようにことばを理解しているか、という言語習得のプロセスを明らかにしてきた。本書はその研究の概要を紹介しながら、これまでに判明した驚くべき知見を紹介していく。そのプロセスを知れば、無垢な笑顔の裏側に隠された「努力」に驚かされると同時に、赤ちゃんへ敬意を抱くこと間違いなし！

L670

神社で拍手を打つな！
――日本の「しきたり」のウソ・ホント

島田裕巳 著

神社に掲げられる「二礼二拍手一礼」は伝統的な作法なんかじゃない!? 初詣は鉄道会社の営業戦略だった！ 郊外の墓参りはバブルが生んだ年中行事！ 結婚式のご祝儀もお葬式の半返しも伝統なんかじゃない！ そもそも、クリスマスはキリスト教に関係がない！ 日本人が「しきたり」と思っている行事には、ごく最近生み出されたものが少なくない。私たちは「しきたり」とどう向き合えばいいのか。「しきたり」の概念を根底から覆す一冊。

L673

日韓激突
――「トランプ・ドミノ」が誘発する世界危機

手嶋龍一＋佐藤　優 著

GSOMIAをめぐり揺れに揺れた日韓。両国はついに全面衝突の様相に。「安倍政権が韓国を巧妙に追い詰め破棄させたのだ。この手法は、日本を開戦に踏み切らせたハル・ノートを思わせる。短期的には〝完勝〟（佐藤優氏）だが、「長期の視点に立てば極めて危うい一手」（手嶋龍一氏）だ。北東アジアに生じた日米韓の安保体制の綻びを、中露北が衝こうとしている。果たしてニッポンに苛烈な国際政局を生き抜く秘策はあるか。

L685

「第三者委員会」の欺瞞
――報告書が示す不祥事の呆れた後始末

八田進二 著

不祥事を起こした企業や行政組織が、外部の専門家に委嘱して設置し、問題の全容解明、責任の所在の明確化を図るはずの「第三者委員会」。だが、真相究明どころか、実際は関係者が身の潔白を「証明」する〝禊のツール〟になっていることも少なくない。調査中は世間の追及から逃れる〝隠れ蓑〟になり、ほとぼりも冷めかけた頃に、たいして問題はなかった――と太鼓判を押すような報告書もあるのだ。第三者委員会を徹底分析する。

L690
街場の親子論
――父と娘の困難なものがたり
内田　樹＋内田るん　著

わが子への怯え、親への嫌悪。誰もが感じたことのある「親子の困難」に対し、名文家・内田樹さんが原因を解きほぐし、解決のヒントを提示します。それにしても、親子はむずかしい。その謎に答えるため、1年かけて内田親子は往復書簡を交わします。微妙に噛み合っていないが、ところどころで弾ける父娘が往復書簡をとおして、見つけた「もの」とは？　笑みがこぼれ、胸にしみるファミリーヒストリー。

L692
公安調査庁
――情報コミュニティーの新たな地殻変動
手嶋龍一＋佐藤　優　著

公安調査庁は謎に包まれた組織だ。日頃、どんな活動をしているのか、一般にはほとんど知られていない。それもそのはず。彼らの一級のインテリジェンスによって得られた情報は、官邸をはじめ他省庁に提供され活用されるからだ。つまり公安調査庁自身が表に出ることはない。日本最弱にして最小のインテリジェンス組織の真実を、インテリジェンスの巨人２人が炙り出した。本邦初の驚きの真実も明かされる。公安調査庁から目を離すな！

L693
ゴールドマン・サックス流 女性社員の育て方、教えます
――励まし方、評価方法、伝え方 10ケ条
キャシー松井　著

「どうも女性社員は使いにくい」と思っているニッポンの皆様。女性社員の活用には、ちょっとしたコツがあるのです。本書は、「優秀な女性を育て、会社に愛着を持ってもらい、かつパフォーマンスを上げてもらうために何をすればいいのか」と人知れず悩む日本全国の管理職や人事担当者のために書きました。女性社員の支援をめぐりゴールドマン・サックスが行ってきた取り組みを紹介します。御社の組織力向上の一助になれば幸いです。

L696
新装版 思考の技術
――エコロジー的発想のすすめ
立花　隆　著

新興感染症の流行と相次ぐ異常気象。生態系への介入が引き起こす「自然の逆襲」が加速化している。自然と折り合いをつけるために我々が学ぶべきものは、生態学（エコロジー）の思考技術だ。組織内の食物連鎖、部下のなわばり根性を尊重せよ、「寄生者と宿主」の生存戦略、「清濁あわせ呑む」大人物が出世する――。自然の「知」は仕事上の武器にもなる。「知の巨人」立花隆の思考法の根幹をなすデビュー作を復刊。「知の怪物」佐藤優氏解説。